AF289308

Elenor Jain

Auslaufmodell Tugend

Wege zur Rückbesinnung
auf ethische Prinzipien

Bibliografische Information der
Deutschen Nationalbibliothek:
Die Deutsche Nationalbibliothek verzeichnet diese
Publikation in der Deutschen Nationalbibliografie;
detaillierte bibliografische Daten sind im Internet über
www.dnb.de abrufbar.

Layout und Korrektur: Dr. Rajele Jain
Titelbild: Ausschnitt aus „Scuola di Atene" von
Raffaello Sanzio da Urbino

© 2025 Elenor Jain

Verlag:
BoD · Books on Demand GmbH, Überseering 33,
22297 Hamburg, bod@bod.de
Druck:
Libri Plureos GmbH, Friedensallee 273,
22763 Hamburg

ISBN: 978-3-8192-7662-0

Denn wenn man die Eine Klugheit besitzt, wird man zugleich alle Tugenden besitzen... Dennoch ist die Klugheit nicht der Weisheit und dem besseren Seelenteil überlegen...

Aristoteles, Nikomachische Ethik

Inhalt

Menschenwürde – Empathie – Moralität – Vernunft – Individuum – Erkenntnis – Tugend – Besonnenheit – Gelassenheit
– Seele – Verstand – Sinn – Wert – Streben – Pflicht – Glückseligkeit – Weisheit – Klugheit – Menschenrechte – Verantwortung – Pflicht – Erfahrung – Aufklärung – Disziplin –
Maß – Freiheit – Freundschaft

Sein – Erfahrung – Einsicht – Gegenwart – Geist – Metaphysik – Sinn – Gemeinsamkeit – Humanität – Innerlichkeit – Bewußtsein – Seele – Sinnlichkeit – Vernunft – Besonnenheit – Wahrheit – Staunen – Zeit – Sozialität – Einsamkeit – Natur – Masse – Vereinsamung – Demokratie – Subjektivismus – Metanoesis – Entsagung – Askese

Zeitgeist – Gewalt – Terrorismus – Menschlichkeit – Umdenken – Anthropologie – Psychologie – Tugend – Gewöhnung –
Weltsicht – Affekte – Stimmung – Bewußtsein – Seele – Wesen
– Sittlichkeit – Glück – Zeit – Selbstbeherrschung – Maßhalten – Empathie – Ideal – Wert – Selbstbewußtsein – Künstliche Intelligenz – Verantwortung – Freiheit – Begegnung –
Kunst – Musik – Empfindung

Leistung – Verantwortung – Herzensbildung – Vorbild –
Wert – Individualität – Äußerlichkeit – Ausbildung – Wissen
– Herzensbildung – Technik – Verhalten – Psyche – Gewöh-
nung Innenwelt – Grenzen – Macht – Medien – menschliche
Natur – Wille – kulturelle Erziehung – Kunst – Erweckung
– Realität – Interessen – Geist – Begegnung – Dialog – Führen

– Wachsenlassen – Verstehen – Existenz

Fünfter Teil
DIE WIEDERENTDECKUNG DER TUGENDEN

Sozialität – Humanität – Geist – Freiheit – Kultur – Materielles – Empathie – Wert – Zeit – Wahrnehmung – Lebensweise – Glück – Ruhe – Maßhalten – Besonnenheit – Erziehung – Menschwerdung – Vernunft – Lebensziele – Intuition – Stille – Existenz – Sinnlichkeit – Erkenntnis – Außenwelt – Miteinander – Sein – Sprache – Denken – Schweigen – Besonderes

Vorwort

Es mag irritieren, dass in einer Zeit, in der die Welt aus den Fugen zu geraten scheint, ein philosophisches Buch mit einer wenig hoffnungsvollen Thematik und einem geradezu deprimierenden Titel erscheint. Wäre es nicht sinnvoller, über das Schöne und Angenehme unserer Welt, über die Vorteile unseres scheinbar sicheren Lebens zu schreiben und die Augen zu verschließen vor allem, was uns – wie wir gern glauben – nicht tangiert? Doch betrifft es uns tatsächlich nicht, das Geschehen in fernen Ländern, die wir gern einmal im Urlaub besuchen, auch dort unseren eigenen Lebensstil pflegen und völlig unberührt wieder heimkehren?

Dass auch in den „zivilisierten" Ländern etwas massiv aus den Fugen geraten ist, wird offensichtlich nur ungern gesehen oder aber verdrängt, doch es veränderte sich nicht nur das Leben, das gesellschaftliche Miteinander auch hier. Diese sichtbare Veränderung, die im rüden Umgang der Menschen miteinander, in Aggressivität und kommunikativer Unfähigkeit erkennbar wird, hat ebenfalls einen nicht zu unterschätzenden Einfluß auf das politische Agieren und das Weltgeschehen insgesamt. Es geht dementsprechend in unseren Überlegungen um eine kulturkritische Sicht auf die menschlichen Verhaltensweisen unserer Zeit im Rekurs auf die Ethik früherer Denker und die Zeitlosigkeit ihrer Erkenntnisse, die wieder in Erinnerung gerufen werden sollen.

Mein Dank für sorgfältiges Korrekturlesen und das Layout dieser Abhandlung gilt meiner Tochter, Dr. Rajele Jain.

Elenor Jain

Einleitung

Unter dem Begriff 'Tugend' (griech.: areté, lat.: virtus) versteht man im allgemeinen eine spezifische Haltung des Menschen, der in seinem Leben das Gute und Sinnvolle anstrebt, i.e. das 'Gutsein' zu verkörpern sucht, wie schon die alten Griechen areté verstanden.[1] Dabei gilt es, die Frage zu reflektieren, ob und zu welchen Handlungen die Moral in jeder Gesellschaft verpflichtet oder welche Lebensweise leitend zu sein hat, eine Frage, die einen weiteren Aspekt betrifft, der sich auf die Charaktereigenschaften des Individuums bezieht. Ferner geht es in diesem Zusammenhang darum zu klären, ob 'Gutsein' als absolutes moralisches Prinzip zu verstehen ist oder ob es auch dem eigenen Vorteil dient (dem Glück wie im antiken Griechenland, das gelegentlich eine eudaimonistische Tugend vertritt).

Doch die Tugend hat einen ambivalenten Charakter, wie sich erst bei genauerem Hinsehen zeigt. Einerseits ist sie sehr wohl der Weg zu einem moralischen Leben, andererseits besteht auch die Möglichkeit, dass der Tugendhafte von Kräften übervorteilt wird, die dadurch ihre eigenen Interessen (bes. Machtinteressen) durchzusetzen gedenken. Auch könnte der Verdacht aufkommen, dass eine sogenannte Erziehung zur Tugend autoritären Zielen dient, wie dies in Diktaturen und dogmatischen Einstellungen, in gewissem Maße auch in Religionen,

---

1   Mit dieser Deutung ist im griechischen Verständnis indes noch nicht grundsätzlich eine moralische Eigenschaft verbunden wie in Platons 1. Buch der Politeia zu lesen ist, vielmehr wird auch die Beschaffenheit eines Gegenstandes als gut bezeichnet. Aristoteles hingegen vertritt in seiner Nikomachischen Ethik bereits einen Standpunkt, der areté durchaus mit Moralität verbindet, und besonders Kant versteht Tugend als Form der Moralität und Sittlichkeit, wie weiter unten noch erörtert wird.

deutlich wird. Die Interpretation der Tugenden ist nicht nur kulturabhängig, sie ändert sich auch mit der Zeit, sodass sie grundsätzlich nicht mit einem festen Begriff zu fassen ist. Und dennoch ist die auf Menschlichkeit gegründete Tugend eine unabdingbare Lebenshaltung in jeder zivilisierten Gesellschaft, um deren humane Entwicklung zu stärken und weiterzuentwickeln, denn der wirklich Tugendhafte besitzt einen starken Charakter und ist fähig, sich Einschüchterungen und Ungerechtigkeiten zu widersetzen, wie die philosophische Ethik zu belegen weiß.

Des weiteren aber stellt sich im Rahmen unserer Betrachtung der Tugend die Frage, wie der Mensch überhaupt zu tugendhaftem Leben befähigt wird. Ist es in seinem Wesen angelegt (wie nach Melanchthon als Habitus, der die Neigung zur Vernunft verursacht) oder bedarf es äußerer Einwirkungen, z.B. der Erziehung, durch Vorbilder oder durch eigene, auch negative Erfahrungen. Ferner muß gefragt werden, ob Tugend interkulturellen Maßstäben gerecht wird oder ob kulturelle Bedingungen Art und Weise des Begriffs der Tugend maßgeblich beeinflussen und damit auch konträre Vorstellungen erlauben wie John Locke dies sieht. Und auch die Zeit wird mit ihren umfassenden Veränderungen in geistiger, zivilisatorischer, technischer Hinsicht usw. zu einer Vielzahl von Umbrüchen beitragen und ehemals selbstverständliche, soziale Verhaltensweisen als obsolet erscheinen lassen. So hat der Philosoph und Pädagoge O.F. Bollnow in seiner

Schrift mit Recht auf den „Wandel der Tugenden"[2] hingewiesen, um zu zeigen, dass sich nicht nur Wertvorstellungen verändern, sondern mit ihnen auch das gesamte Weltbild und das menschliche Leben.

All dies sind Themen, die uns im folgenden beschäftigen werden, und zwar auch, um unsere Gegenwart vielleicht besser verstehen und bewältigen zu können, die inzwischen viele Menschen zu Orientierungslosigkeit und Unverständnis der modernen Gesellschaft führt.[3] Es geht mithin um die Relevanz der Ethik für unsere Gegenwart unter Berücksichtigung einiger für unsere Zielsetzung wichtiger Aspekte.

Unsere moderne Welt hat sich dem Fortschritt verschrieben, allerdings einem Fortschritt, der primär der Technik, der Wirtschaft und denjenigen Errungenschaften zugewandt ist, durch die das Leben angenehmer und komfortabler gemacht wird, um den sich stets steigernden Ansprüchen scheinbar gerecht werden zu können. Dabei geht es um Äußerlichkeiten, Statussymbole und nicht zuletzt um die Befriedigung einer grundsätzlich kaum einzuschränkenden Gier und einen Individualismus, der keine Grenzen zu kennen scheint, jede Autorität mißachtet und Regeln und Gesetze als Einschränkung der subjektiven Freiheit begreift. Dass diese Entwicklung sich als Gefahr für den Fortbestand der Demokratie erweist,

---

2   O.F. Bollnow: Wesen und Wandel der Tugenden. Frankfurt/M.-Berlin-Wien 1958.

3   Sicherlich spielt dabei auch die Tatsache eine Rolle, dass Religiosität ihre Bedeutung im Leben vieler Menschen verloren hat, aus der sie Sicherheit schöpften, während sie durch die Komplexität des modernen Lebens überfordert werden.

ist kaum zu bestreiten.

Dies alles läßt einen Fortschrittsgedanken inbezug auf die menschliche Entwicklung offensichtlich nicht mehr zu, und so ist es nicht verwunderlich, dass die Gesellschaft sich in einer Krise befindet, in der das ´Allgemeinmenschliche` keinen Raum mehr findet. Wie kann man mithin noch von Tugenden sprechen? Wie ihre Bedeutung und ihren Wert verteidigen? Um ein wenig Licht in diese Thematik zu bringen, beginnen wir im *ersten Kapitel* mit einem Einblick in die erste umfassende Ethik im europäischen Raum: die Nikomachische Ethik des Aristoteles, nicht zuletzt, um zu sehen, ob in ihr auch allgemeingültige und zeitübergreifende Prinzipien enthalten sind. Eine weitere Betrachtung ist im *zweiten Kapitel* dem Platoniker Karl Albert gewidmet, dessen grundlegende Schrift „*Die Ontologische Erfahrung*" zwar nicht als Ethik konzipiert ist, aber aufgrund ihrer Seinsthematik und Zielsetzung essentielle Elemente der Ethik aufscheinen läßt. Das *dritte Kapitel* befaßt sich mit Wesen und Wandel der Tugenden, während das *vierte Kapitel* zu Erziehungstheorien Stellung nimmt. Kulturkritische Überlegungen mit der Frage nach der abnehmenden Akzeptanz moralischer Grundsätze bestimmen das letzte Kapitel, das zugleich versucht, die Unverzichtbarkeit der Tugenden in jeder zivilisierten Gesellschaft darzustellen, wenn Zivilisation und Kultur statt Anarchie herrschen sollen. Dabei gehen wir von einem Tugendbegriff aus, der auf Vernunft und Menschlichkeit im aristotelischen Sinne und zugleich auf das Gemeinsame im platonischen

Sinne (das umfassende Sein, in dem das Seiende enthalten ist) zurückgreift. Beide haben zwar dasselbe Ziel – die Erkenntnis – aber ihre Begründung und ihr Weg dorthin unterscheidet sie voneinander.

Erster Teil

Die Ethik der Erkenntnis

I.
Die aristotelische Analyse des menschlichen Wesens

Der Mensch kann allein nicht existieren, und die Menschheitsgeschichte zeigt, dass Menschen immer schon in Familienverbänden, Gruppen oder auch grösseren Gemeinschaften gelebt haben, um ihr Überleben zu sichern und sich verteidigen zu können. Schon früh stellten sie auch fest, dass ein Gemeinschaftsleben ohne Regeln und Strukturen zum Scheitern verurteilt ist. Jedes Mitglied mußte folglich Anordnungen befolgen und sich zugleich in vielerlei Hinsicht unterordnen und auf Freiheiten verzichten, die dem Gesamt Schaden zufügen könnten.

Diese Regeln waren zunächst nur zwecksetzend, sodass man von moralischen Zielsetzungen noch nicht grundsätzlich sprechen kann, denn es ging anfangs kaum um Empathie, Menschenwürde oder Humanität, sondern einzig um den Erhalt der Gruppe. Es brauchte also noch viel Zeit, bis die geistig-kulturelle Entwicklung der Menschen soweit fortgeschritten war, dass sie über das Zweckmäßige und bloß Lebenserhaltende hinaus moralische Gedanken in Erwägung ziehen konnten.

1.

Im europäischen Raum hat Aristoteles (384/3-322/1), Schüler Platons und der sokratischen Philosophie verbunden, der als Begründer der wissenschaftlichen Philosophie gilt[4], die erste umfassende, aus drei Büchern bestehende Ethik verfaßt, die eine wissenschaftliche (phänomenologische) und philosophische Analyse des im Alltag zu beobachtenden ethischen Verhaltens bietet: Die *Ethica megala*, die *Ethica Nikomacheia* und die *Ethica eudemeia*, die sich einander ergänzen und das Ziel des menschlichen Lebens bestimmen: das reine *Erkennen* und die *Vernunft* als nur dem Menschen gegebene Fähigkeiten. Zwar ist zu bedenken, dass die aristotelische Ethik natürlich auf dem Hintergrund der damaligen politischen und soziokulturellen Bedingungen zu verstehen ist, dass viele ihrer Ausführungen jedoch allgemeingültige und zeitübergreifende Bedeutung beanspruchen können. Darüberhinaus gewinnt man zudem Einblick in ein Denken, das die Moralität als unabdingbare Voraussetzung des menschlichen Charakters und auch als Fundament für einen funktionierenden und gerechten Staat darstellt, denn für Aristoteles – wie schon für Sokrates – ist das Denken und mit diesem die Vernunft des Menschen das eigentlich Menschliche, weil sie ihn befähigt, tugendhaft, d.h. maßvoll zu leben. Die aristotelische Ethik basiert

---

4   Aristoteles hat sich in seinem sechs Schriften umfassenden „Organon" intensiv mit der Logik befaßt, die er Analytik nennt, um logische Grundgesetze von Begriff, Urteil und Schluß, von Definition und Beweis darzulegen. Eine weitere Grundlage seines philosophischen Denkens ist die Metaphysik, die „erste Philosophie", die neben Mathematik, Physik und Psychologie und weiteren Bereichen des geistigen Lebens seine Auffassung von Philosophie bestimmt.

auf einer phänomenologischen Bestandsaufnahme und Analyse menschlicher Verhaltensweisen, aus denen der Philosoph seine ethische Theorie entwickelte. Aristoteles setzte voraus, dass alles zum Guten strebt, wie es eingangs im ersten Buch der aus zehn Büchern bestehenden Nikomachischen Ethik heißt.: *„Jede Kunst und jede Lehre, ebenso jede Handlung und jeder Entschluß scheint irgendein Gut zu erstreben. Darum hat man mit Recht das Gute als dasjenige bezeichnet, wonach alles strebt."*[5]

Genau gesehen, ist die aristotelische Ethik eine Ethik der Erkenntnis (ein Streben nach dem wahrhaft Guten), deren Ziele sich von dem allgemeinen Streben der Menschen fundamental unterscheiden: nicht das Handeln in der Welt und das Streben nach materiellen Gütern oder Macht sind mithin Sinn des Daseins, denn sie sind ambivalent und ohne Dauer. Und diese Vorstellung geht auch in seine Tugendethik ein, die dementsprechend den Weg zu Glück und Zufriedenheit beschreibt, einem wirklichen, dem Menschen entsprechenden gelungenen Leben. Diese Sichtweise unterscheidet radikal zwischen einer zu negierenden Äußerlichkeit und der Innerlichkeit, auf die sie den Menschen fixiert, wie dies auch die ′ontologische Ethik′ vertritt, auf die wir später noch eingehen werden.

---

5   Aristoteles: Die Nikomachische Ethik. Übers. und herausgegeben von Olaf Gigon. München 1972.; hier Nikomachische Ethik I, 1091 a1, im folgenden mit dem Sigel NE bezeichnet. Die Interpretation der Einleitung von Olaf Gigon bildet die Grundlage unserer Ausführungen.

2.

Zwei Aspekte beschäftigen Aristoteles inbezug auf moralisches Verhalten in besonderem Maße: die *Vernunft* und die *Seele* des Menschen, deren besondere Bedeutung auch für sein Menschenbild bestimmend ist. Das belegt, dass Aristoteles die Ethik nicht als theoretische Disziplin oder reine Theorie versteht, sondern vielmehr als praktisches Wissen über den Menschen und für den Menschen. Die Seele bezeichnet Aristoteles als Fundament, Charakteristikum und Wesen des menschlichen Seins, wie er in seiner Schrift *„perí psychés"* (Über die Seele) ausführt.[6] Die Seele beeinflußt das Denken und Handeln des Menschen und sogar sein Glück.

Auf einige auch heute noch relevante Gedanken gilt es kurz einzugehen, vor allem dann, wenn sie das Allgemeinmenschliche betreffen und trotz ihrer zeitübergreifenden Bedeutung verloren gegangen zu sein scheinen wie beispielsweise viele Tugenden, die unabdingbar für ein zivilisiertes Miteinander sind. Denn ohne Tugenden ist keine Gesellschaft existenzfähig, wie die wachsende Gewaltbereitschaft, Kriege und Gewissenlosigkeit, Intoleranz usw. seit Beginn der Menschheitsgeschichte zeigen. Ist es allein die Erziehung, der Verzicht auf Regeln und Einschränkungen oder auch die Tatsache, dass Vorbilder an Überzeugungskraft verlieren und Respekt und Achtung vor dem Anderen und seiner Menschenwürde als Einschränkung der eigenen Freiheit verstanden werden? Oder liegt die Ursache gar in der Konstitution des

---

6   Aristoteles: Über die Seele. München 1968. Vgl. auch Jain, E.: Verlust der Seele. Norderstedt 2015.

Menschen, der offensichtlich nicht das Gute erstrebt, sondern vielmehr seinen eigenen Vorteil, verbunden mit Machtgier? Vermutlich spielen alle Aspekte eine gewisse Rolle, was ein Umdenken zwingend erfordern würde, denn offensichtlich sind viele Tugenden und mit ihnen grundlegende Werte nicht vergänglich. Alle diese Aspekte spielen eine wichtige Rolle in der aristotelischen Ethik, die aufgrund ihrer kritischen Analyse des menschlichen Wesens nach Lösungen sucht und den Menschen zum Nachdenken anregen will.

II.

Vernunft und die „denkende Seele"

Für Aristoteles sind die *Vernunft (phrónesis)* und die *„denkende Seele"*, (der *Verstand, nous*), als Fundament moralischen Verhaltens Schlüsselworte für die Entstehung und Begründung aller Tugenden.[7] Aber auch andere große Philosophen, besonders Kant oder auch Fichte berufen sich auf sie.[8] Dabei geht es immer auch um das eigene, unabhängige Denken, um Einsichten in universelle Zusammenhänge und ein Abwägen von Alternativen, um Sinn und Werte, die es zu verteidigen gilt. Es geht um die reine Erkenntnis, die Ziel des menschlichen Daseins ist und nicht das irdische Dasein als das Wesentliche sucht, sondern das Bleibende und philosophisch und ethisch Wertvolle, dem Leidenschaften, Habgier oder Machtgier fremd sind.[9]

7   Eine präzise Übersetzung der Begriffe und ihrer Implikate scheint aufgrund ihrer Veränderung seit der Antike unmöglich, sodass hier versucht wird, der aristotelischen Verwendung möglichst nahe zu kommen. Vgl. Historisches Wörterbuch der Philosophie, Bd. 11, SP 748-863, hrsg. J. Ritter/K. Gründer/Gabriel, G., Darmstadt 2001.

8   Für Kant ist der Verstand das Vermögen, Begriffe, Urteile und Regeln zu bilden. Es ist die geistige Tätigkeit zum Erkennen der Welt, die der Vernunft aus ihrer Analyse das Material liefert. Vgl. auch Klemme, H.F.: Die Selbsterhaltung der Vernunft. Kant und die Modernität des Denkens. Frankfurt/M. 2023; Willaschek, M.: „Kant". Die Revolution des Denkens. München 2023.

9   Wenn Aristoteles z.B. von erforderlicher Leidenschaft oder Zorn spricht (bes. im 4. und 10. Buch), so muß man im Deutschen sinngemäß

1.

Dementsprechend denkt Aristoteles vor allem über das Streben nach Erkenntnis, über die Freundschaft, das Schöne und Gute, die Gerechtigkeit und eine seiner Vorstellung entsprechenden Erziehung nach. Diese soll lehren, dass die Tätigkeit der Seele darin besteht, nach Erkenntnis zu streben, deren Ziel das „Gute und Beste" und zugleich „Glückseligkeit" (eudaimonia) ist, wie Aristoteles zu Beginn des 1. Buches der Nikomachischen Ethik erklärt. Im Gegensatz zur allgemeinen Auffassung erreichen die Menschen die Glückseligkeit (ein geglücktes Leben) nicht durch äußere Güter wie Reichtum, Macht, Ehre oder Lust, sondern nur durch das Streben nach dem wahren, dem wirklichen Leben, das der Weise als sein Lebensziel betrachtet.

Aristoteles spricht in diesem Zusammenhang von drei Lebensformen, die den Menschen zur Wahl stehen: die erste ist die der Lust und des Genusses, die zweite richtet sich auf Ruhm und Ehre und die dritte schließlich nennt der Philosoph die „betrachtende", die von Vernunft und der „denkenden Seele" geprägt ist.[10] Während die ersten beiden Lebensformen ein Dasein im absoluten Hier und Jetzt der Vergänglichkeit des Augenblicks und Bedeutungslosigkeit beschreiben, ist die dritte Lebensform Ausdruck einer „erfüllten Zeit", insofern sie über das Sukzessive der Gegenwart hinausgeht und das

von ʾinnerem Drang` sprechen, beispielsweise als Impetus zur Fertigstellung einer wichtigen Aufgabe. So verstanden, besitzen diese Affekte sogar ethischen Charakter. Die Stoiker haben diese Deutung indes kompromisslos abgelehnt.

10   NE I, 1095 b30.

Dauerhafte enthält, wie Rüdiger Safranski im Rekurs auf Platon ausführt.[11] Das Dauerhafte ist dann – wenn wir Aristoteles folgen – das Sinnhafte und Wertvolle eines Lebens und des Strebens nach Erkenntnis.

Der Begriff der Vernunft wird vielfach in Abgrenzung zur rein sinnlichen Wahrnehmung als Bezeichnung für die Erkenntnisfähigkeit des Menschen verstanden. Für Aristoteles hingegen spielt auch die Wahrnehmung in diesem Zusammenhang eine durchaus große Rolle, denn das menschliche Denken vollzieht sich nicht ohne den wahrnehmenden Seelenteil, der Dinge erfaßt und Vorstellungen liefert, die das Denken befähigen, Erkenntnisse zu verarbeiten und Urteile zu fällen, also das Gute und Wahre vom Wertlosen unterscheiden zu können: *„Darum ist eine Willensentscheidung weder ohne Vernunft und Denken noch ohne ethisches Verhalten möglich. Denn ein rechtes Verhalten und das Gegenteil davon existiert nicht ohne Denken und Charakter...So ist denn die Willensentscheidung entweder strebende Vernunft oder vernünftiges Streben, und das entsprechende Prinzip ist der Mensch".*[12] Die Willensentscheidung basiert mithin auf der Wahrheitserkenntnis der von Tugend geleiteten Vernunft und der tätigen Seele (dem denkenden Teil): *„Die Mittel, mit denen die Seele bejahend oder verneinend die Wahrheit trifft, seien fünf an der Zahl: Kunst, Wissenschaft, Klugheit, Weisheit, Geist".* Bemerkenswert an den von Aristoteles genannten Kategorien ist, dass

11   Safranski, R.: Zeit. Was sie mit uns macht und was wir aus ihr machen. München 2015, S. 226f.
12   NE VI, 1139 a33-b18.

alle die Intellektualität und das Geistige des Menschen betreffen, nicht aber Äußerlichkeiten wie Macht, Reichtum oder Genuß.

2.

Die praktische Vernunfttätigkeit des Menschen gilt als Tätigkeit der Seele und besondere menschliche Leistung, die die Voraussetzung für ein gelungenes, ein wahres Leben in Glückseligkeit (eudaimonia) bildet, wie es im ersten Buch der Nikomachischen Ethik heißt, wenn Aristoteles die Frage nach der besonderen Leistung des Menschen und seiner Vernunft stellt: *„...es bleibt also das Leben in der Betätigung des vernunftbegabten Teiles übrig. Dieser findet sich vor teils als ein der Vernunft gehorchender, teils als ein die Vernunft besitzender und ausübender. Da auch dies wiederum in doppeltem Sinne zu verstehen ist, so muß man da an das wirklich tätige Leben denken; denn dieses dürfte doch das eigentlichere sein.“*[13]

Es ist eine besondere, eine *„eigentümliche Leistung“* des Menschen, die folglich in der Tätigkeit der Seele besteht, *„die sich nach der Vernunft oder doch nicht ohne die Vernunft vollzieht“*, und die zugleich ein *„bestimmtes Leben“* erfordert, das von *„vernunftgemäßen Handlungen“* gekennzeichnet ist. Daraus folgt, dass sich die Tätigkeit der Seele als das *„Gute für den Menschen“* erweist.[14]

Wenn Aristoteles hier von einem „bestimmten Leben“ spricht, so bezieht er dies auf die ´dritte Lebensform´, d.h. auf diejenige, für die der Mensch sich eigen-

13 NE I, 1097 b29.
14 Ebd.

verantwortlich entschieden hat und auf ein Leben in Lust oder getrieben von Machtgier verzichtet, um nach Erkenntnis zu streben. Den Menschen, die die anderen Lebensformen und die damit verbundenen Lebensziele gewählt haben, spricht er zunächst sowohl die Fähigkeit zur Tugend ab als auch ein 'vollkommenes Leben' und Glückseligkeit. Das 'eigentliche' Leben ist folglich ein bewußtes Leben, das von der Vernunft bestimmt, Wert und Sinn des Daseins erfaßt und dementsprechend verläuft. Es wird ein Leben sein, das sich fundamental von anderen Lebensformen abhebt, selbstbestimmt ist und die Bedeutung des allumfassenden Seins und des in ihm wirkenden Seienden als Gesamtzusammenhang und ethische Konsequenz erfaßt, wie weiter unten noch ausführlicher erläutert wird.

Doch Aristoteles erkennt sehr wohl, dass nicht alle Menschen die Fähigkeit besitzen, der Stimme ihrer Seele zu folgen und so äußert er sich an anderer Stelle des ersten Buches nun auch zu einem weiteren Teil der Seele, der die Gründe für das ethische Versagen der ersten beiden Lebensformen benennt. So heißt es, dass der eine Teil der Seele „vernunftbegabt" sein, der andere jedoch „vernunftlos", denn die „*Tugend dieses Seelenteils ist eine ganz allgemeine und nicht eigentümlich menschliche*", weil sie eine Phase der „*Untätigkeit Seele*" darstellt und „*ihrer Natur nach mit der menschlichen Tugend nichts zu schaffen hat*".[15] Wenn wir diese Aussagen einmal aus psychologischem Blickwinkel betrachten, so wird klar, dass

---

15 Ebd. 1102 a10; 1102 b7.

Aristoteles die menschlichen Triebe und Schwächen zu verstehen und zu erklären beabsichtigt, die ständig ihren Widersacher in der Vernunft finden. Folglich verweist er auch darauf hin, dass die Vernunft und der vernünftige Teil der Seele ständig „mit Recht und zum Besten" ermahnt, obwohl *„es auch in der Seele etwas Vernunftwidriges gibt, das der Vernunft entgegengesetzt ist und ihr widerstrebt"*.[16] Doch im *„beherrschten Menschen gehorcht es* (das Vernunftwidrige, E.J.) *ja der Vernunft. Und vielleicht noch folgsamer ist es beim Maßvollen und Tapferen. Dort stimmt nämlich alles mit der Vernunft überein"*, denn sie sind fähig, ihre Affekte zu kontrollieren und mit Besonnenheit moralisch zu handeln.[17]

16 NE, .1107 b7.
17 Ebd.

III.
Tugend als Leistung von Seele und Vernunft

Nachdem wichtigste Aspekte der aristotelischen Auffassung zu Vernunft und Seele in gebotener Kürze erläutert wurden, werden wir im folgenden auf die *Tugend* eingehen, die erst aus dem Zusammenwirken von Vernunft und 'denkender Seele' möglich wird. Was versteht Aristoteles aber unter dem Tugendbegriff und kann man ihn im Blick auf eine allgemeinmenschliche und zeitübergreifende Bedeutung noch heute vertreten? Eine weitere, nicht unbedeutende Frage ist auch, wie die neuzeitliche Definition des Individuums mit seinen Ansprüchen an Freiheit und Selbstverwirklichung sich zu Tugenden verhält, die ja nicht gesetzlich verordnet werden können, sondern vom Einzelnen aus Überzeugung verwirklicht werden sollten.

1.

Eine Zweiteilung wie hinsichtlich der Vernunft nimmt der Philosoph auch für die Tugend an, die inbezug auf ihre Bedeutung als menschliche Leistung bzw. Leistung der Seele unterschiedliche Ursachen und Hintergründe hat und auch unterschiedlich bewertet wird: *„Denn die einen Tugenden nennen wir verstandes-*

mäßige, die anderen ethische: verstandesmäßige sind etwa die Weisheit, Auffassungsgabe und Klugheit, ethische die Großzügigkeit und Besonnenheit."[18] Beide Weisen der Tugend beschreiben letztlich Charaktereigenschaften mit jeweils andersgearteten Qualitäten und Zielrichtungen im praktischen Leben.

Im zweiten Buch der Nikomachischen Ethik präzisiert Aristoteles diese zwei Weisen der Tugend und erklärt auch, wie der Mensch tugendhaft werden kann: *„Die Tugend ist also von doppelter Art, verstandesmäßig und ethisch. Die verstandesmäßige Tugend entsteht und wächst zum größeren Teil durch Belehrung; darum bedarf sie der Erfahrung und der Zeit. Die ethische dagegen ergibt sich aus der Gewohnheit...*".[19] Unter der Voraussetzung, dass der Mensch nicht von Natur aus über Tugenden verfügt, wird der *äußere Einfluß* durch Vorbilder oder eine erzieherische Maßnahme in Erwägung gezogen, um den Weg zur Tugend zu öffnen, und auf diese Weise durch Gewohnheit und Einsicht eine dauerhafte *innere moralische* Haltung zu erzeugen, die aber der Tradition und den Vorstellungen der Gesellschaft entspricht.

Diese Schlußfolgerung ist unter bestimmten Bedingungen aus heutiger Sicht jedoch nicht unproblematisch. Bedenkt man nämlich, dass keineswegs in allen Staatsformen dieselbe Ansicht zu den Inhalten und Werten der Tugend herrscht, so kann z.B. in einem fundamentalistischen Land die Ausführung von Terror und Gewalt gegenüber Andersdenkenden, wie wir dies gegenwärtig

18 Ebd., 1102 b33.
19 NE II, 1103 a14.

erleben, als Tugend gelten, die als solche durch Belehrung, Indoktrination und Gewöhnung erfahren wird. Ein solches Verständnis von Tugend entspricht natürlich keineswegs der aristotelischen Auffassung, wenn nämlich Vernunft und Verstand durch Affekte, Haß und Intoleranz eliminiert und wirkungslos werden und das erstrebenswert Gute verhindern. Das Gute aber ist das einzige und vollkommene Ziel der Tugend, wie der Stagirit immer wieder betont.

In einem demokratischen und aufgeklärten Land, dessen Gesetzgebung den Anforderungen der Menschenrechte folgt, sind dagegen 'Belehrungen' über moralisches Verhalten in der Erziehung und 'Gewöhnung' daran durch das Verhalten entsprechender Vorbilder sehr wohl überzeugende Mittel, um den Heranwachsenden die Tugenden eines zivilisierten Staates nahezubringen.[20] Das heißt jedoch zugleich, wenn kein Konsens über die unumstößlichen Menschenrechte besteht und archaische Traditionen unverändert bestehen bleiben, wird es auch keinen Konsens über ethische Normen geben können, sodass Gewöhnung und Belehrung als Mittel der Erziehung nicht uneingeschränkt im Sinne moralischer Prinzipien gelten werden können.

2.

Um den Gehalt des Tugendbegriffs wirklich verstehen zu können, also seine Bedeutung für das Leben des

---

20 Im Kapitel über 'Wesen und Wandel der Tugenden' gehen wir in Anlehnung an O.F. Bollnow noch genauer auf die Funktion der 'Gewöhnung' ein.

Einzelnen, aber auch für die Gemeinschaft, ist es erforderlich, etwas genauer auf die ethische Dimension des „Guten" einzugehen. Wenn es heißt: *„Das vollkommen Gute scheint aber ein Endziel zu sein"*, so bedeutet dies, dass es über das Erstrebte hinaus kein anderes Ziel gibt, etwa ein solches, das einen Nutzen verspricht, denn *„allgemein ist das vollkommene Ziel dasjenige, was stets nur an sich und niemals um eines anderen willen gesucht wird"*.[21] Wenn ich also einem anderen helfe, so ist es nur dann ein Ausdruck des Guten, wenn ich mir keinen Vorteil – z.B. eine Gegenleistung – davon erhoffe, sondern nur, wenn meine Hilfe aus altruistischen Motiven heraus erfolgt. Aristoteles erklärt diesen Zusammenhang damit, dass das 'Gute' als fundamentaler Wert und Sinn des Lebens sich aus dem „Prinzip der Selbstgenügsamkeit zu ergeben" scheint, weil das vollkommen Gute grundsätzlich „selbstgenügsam" sei. Daraus folgt, dass ein „begehrenswertes" Leben nicht aus einem ständigen „Mehr" an Besitz, Ruhm, Macht usw. besteht, sondern dass es „vollständig bedürfnislos" ein Leben in Glückseligkeit ist: *„So scheint also die Glückseligkeit das vollkommene und selbstgenügsame Gut zu sein und das Endziel des Handelns"*.[22]

Ausführlich beschreibt Aristoteles mit seiner Deutung des begehrenswerten Lebens zugleich den Zustand der Gesellschaft und ihrer Schwächen seiner Zeit. Und bei genauem Hinsehen läßt sich seine scharfsinnige Analyse durchaus auch auf die Schwächen und Verfehlungen der Moderne übertragen, deren Einstellung, Verhal-

21 NE I, 1097 a19.
22 Ebd., 1097 b7.

tensweisen und Lebensziele primär auf Äußerlichkeiten bezogen sind. Das bedeutet, dass die Schwerpunkte eines als erfolgreich betrachteten Lebens sich auf diesem Hintergrund nicht auf den inneren Reichtum des Menschen beziehen, sondern auf Reichtum, Einfluß, Ruhm usw. Denn bewundert und respektiert werde derjenige, der über einen aufwendigen Lebensstil verfügen kann, der als erstrebenswert betrachtet wird, zugleich aber auch Neid erregt. Diese gesellschaftliche Entwicklung, verursacht durch vielerlei Einflüsse, die an dieser Stelle nicht weiter erörtert werden, hat jedoch weitreichende Folgen, die vor allem Werte und die gesamte Geisteshaltung der Massengesellschaft betreffen. Auch zu diesem Problem liefert die aristotelische Ethik eine Erklärung, die in der Moderne durchaus zu reflektieren ist.

3.

Aristoteles setzt – wie schon erwähnt wurde – die kognitive Eigenständigkeit des Menschen voraus und kann daher auch von ihm Leistung und Verantwortung fordern, die er in der „Betätigung des vernunftbegabten Teiles" der Seele erkennt, insofern das tätige Leben als das eigentliche gilt. Es ist ein „bestimmtes Leben", das der Mensch auf diese Weise erreichen kann, er strebt nach dem Guten, durch das er sich von allem distanziert, was die Nichtigkeit des Daseins ausmacht. Die *richtige Einsicht*" durch Kritikfähigkeit und Vernunft befähigt den Menschen, das vernünftige Maß zwischen Mangel und Übermaß zu finden, denn jedes Extrem richte das

Sinnvolle zugrunde. Ebenso verhalte es sich auch mit den Tugenden (der Besonnenheit, Tapferkeit usw.), denn: *„Wer alles flieht und fürchtet und nichts aushält, der wird feige, wer aber vor gar nichts Angst hat, sondern auf alles losgeht, der wird tollkühn; und wer jede Lust auskostet und sich keiner enthält, wird zügellos, wer aber alle Lust meidet, wird stumpf wie ein Tölpel. So gehen also Besonnenheit und Tapferkeit durch Übermaß und Mangel zugrunde, werden aber durch das Mittelmaß bewahrt.“*[23]

Die 'Einsicht' ist unter diesem Aspekt eine Ausdrucksweise der Tugend, denn sie macht deutlich, dass Verzicht nicht grundsätzlich Entbehrungen verlangt. Verzicht aus freier Entscheidung ist vielmehr *„Leidenschaftslosigkeit und Stille“*, die der Philosoph in diesem Zusammenhang erwähnt und wohl auch mit diesen Empfindungen auf die zur Ruhe gekommene Seele hinweist, ein Gedanke, der bei Meister Eckhart mit dem Begriff der 'Abgeschiedenheit' verbunden ist. Es ist gewiß auch die Phase der Glückseligkeit, die sich in der Stille der Innerlichkeit ereignet – die erfüllte Zeit, wenn keine äußeren Einflüsse das In-Sich-Ruhen belasten.

Tugend basiert auf freier Entscheidung, auf Denken und Reflektieren, sie ist ein Resultat der Innenwendung des Menschen. Sie ist ferner ein Akt der Vernunft und Ausdruck einer vernunftmäßigen Lebensform des Individuums, die Aristoteles zum Fundament seiner Tugendethik erklärt. Im dritten und vierten Buch seiner Ethik erfahren wir nun Genaueres über die einzelnen Tugen-

---

23 NE II, 1104 a20.

den, die er der vernunftmäßigen Lebensform zuordnet, von denen wir auf einige kurz eingehen wollen. Dass die Tapferkeit ihn eigens beschäftigt, kann nicht verwundern, denn wie Sokrates bezeichnet auch er die Tapferkeit als ein *Wissen* und als Charakterstärke und keineswegs als eine kriegerische Fähigkeit, weil *„die Erfahrung in den einzelnen Dingen eine Art Tapferkeit zu sein scheint"*, denn sie erfordert Disziplin und Durchhaltevermögen, die wiederum Ausdruck der Charakterstärke sind.[24] Denn die Tapferkeit verlange ständig Entscheidungen inbezug auf einen vernünftigen Zweck, und diese Voraussetzung treffe auch auf andere Tugenden zu, z.B. auf die *Besonnenheit* als Nachdenklichkeit und nicht als Tatenlosigkeit, auf die Vernunft und das Maßhalten, durch die Begierde und Zügellosigkeit begrenzt werden. Wie die Tapferkeit, so kann auch jede andere Tugend in ihr Gegenteil umschlagen, wenn sie sich nicht an das Prinzip der „Mitte" hält: beispielsweise kann die Großzügigkeit in Verschwendung, der Mut in Leichtsinn umschlagen usw.

Ein zentrales Thema der Ethik ist die *Gerechtigkeit*, die nicht als Fähigkeit, sondern als individuelles Verhalten bezeichnet wird. Das bedeutet nun, dass aus Einsicht und sinnvoller Entscheidung heraus gerecht gehandelt wird, nicht aber, weil dem Menschen a priori Gerechtigkeit als Tugend innewohnt. Mit dieser Deutung entsteht jedoch ein erhebliches Problem, denn die Beurteilung der Gerechtigkeit erweist sich insofern als ambivalent, als

---

24 NE III, 1116 b3.

Überlegung und Entscheidung auf subjektiven Erkenntnissen beruhen, die keinen allgemeinen Konsens und mithin kein allgemeingültiges Urteil beanspruchen können. Ein demokratischer Staat garantiert zwar durch die Gesetzgebung eine Norm für Gerechtigkeit, die jedoch vom Individuum nicht grundsätzlich akzeptiert wird, vor allem dann, wenn es um die Rechtsprechung in persönlichen Angelegenheiten geht. Aristoteles allerdings bezeichnet die Gerechtigkeit, wenn sie der „staatlichen Gemeinschaft" dient, als *„vollkommene Tugend...im Hinblick auf den anderen Menschen. Sie gilt vor allem als die vollkommene Tugend, weil sie die Anwendung der vollkommenen Tugend ist".*[25] Das Wohl des Ganzen ist mithin dem Wohl des Einzelnen übergeordnet.

Das bedeutet nun, dass Gerechtigkeit aus dem Grund als Tugend zu verstehen ist, weil sie nicht eigennützig, nicht selbstbezogen ist, sondern dem Wohle eines anderen Menschen dient. Sie ist ein positives Bindeglied im Miteinander wie etwa die Hilfsbereitschaft, die Toleranz, die Höflichkeit, der Respekt usw. Wenn diese Verhaltensweisen nicht mehr das Verhalten in einer Gesellschaft bestimmen, drohen Verrohung und Gewalt wie dies in unserer Zeit zu beobachten ist. Menschlichkeit und Vernunft verschwinden dann, Egoismus und Maßlosigkeit gewinnen die Oberhand.

Wenn absolute Gerechtigkeit gefordert wird, so muß zunächst die Frage beantwortet werden, was wir unter diesem Begriff verstehen. Man wird resignieren

---

25   NE V, 1129 b13.

müssen, weil sich eine eindeutige und zufriedenstellende Antwort kaum finden läßt. Denn als Voraussetzung für eine absolute Gerechtigkeit müßten alle Menschen von Natur aus gleich sein (auch inbezug auf äußere Faktoren), die gleichen Anlagen, die gleiche Motivation, Intelligenz, die gleichen Lebenschancen usw. besitzen. Obzwar sie als Menschen gleichwertig sind, sind sie im Hinblick auf ihre Fähigkeiten und Veranlagungen jedoch unterschiedlich, was sowohl ihre Lebensform als auch ihren Lebensweg und Lebenserfolg beeinflußt. Sie werden nicht alle erfolgreich sein, obwohl Gerechtigkeit dies eigentlich begünstigen müßte. So kann man – kritisch gesehen – vermutlich nur von einer approximativen Gerechtigkeit sprechen, die das jeweils Erreichbare möglich macht und Unterschiede zuläßt.

Dieses Dilemma hat Aristoteles auch beschäftigt, wenn er schreibt: *„Sind diese* (die Menschen, E.J.) *nicht gleich, so werden sie auch nicht Gleiches erhalten. Daher kommen die Streitigkeiten und Prozesse... Das Gerechte ist also etwas Proportionales."* Lösen will er diese Problematik mit der Einbeziehung der 'Würdigkeit': *„Denn alle stimmen darin überein, dass das Gerechte im Zuteilen auf einer bestimmten Würdigkeit beruhen müsse."*[26] Die 'Würdigkeit' beruht allerdings auf dem unterschiedlichen sozialen Rang im alten Griechenland und auf unterschiedlichen Rechten der Würdenträger und normalen Bürgern: *„die Demokraten sehen sie in der Freiheit, die Oligarchen im Reichtum, die anderen in der Adligkeit,*

---

26   NE V, 1131 a10.

und die Aristokraten in der Tugend".[27] Der Begriff von Gerechtigkeit ist mit dieser Interpretation jedoch nur auf dem Hintergrund des antiken Staats- und Gesellschaftssystems zu verstehen, widerspricht aber dem Anspruch einer egalitären, demokratischen Gesellschaft auf Gerechtigkeit seit der Aufklärung fundamental.

---

27 Ebd.

IV.
Ethische und verstandesmäßige Tugend

Die Tugenden der ꞌvernunftbegabten Seeleꞌ teilt
Aristoteles in die ethischen Tugenden und die des Verstandes ein. Beide bezeichnet er in ihrem Zusammenwirken als Fundament der rechten Einsicht. Die Leistung
des Verstandes liegt im Denken, Überlegen und Berech-
nen und ist Ausdruck der praktischen Vernunft, die nach
Wahrheit strebt und Handeln anleitet. Das erklärt, dass
*„eine Willensentscheidung weder ohne Vernunft und
Denken noch ohne ethisches Verhalten möglich"* ist, *„denn
ein rechtes Verhalten und das Gegenteil davon existiert
nicht ohne Denken und Charakter"*. Entscheidungen und
moralisches Handeln sind mithin immer an „Wahrheitserkenntnis" gebunden: *„Die Wahrheitserkenntnis ist also
die Leistung beider Teile der Vernunft, und in den Eigenschaften, durch die ein jeder am ehesten die Wahrheit
erkennen kann, liegt die Tugend eines jeden von ihnen."*[28]

1.

Die Wahrheit finden kann der Mensch in der Begegnung mit Kunst und Wissenschaft, aber vor allem durch
Klugheit, Weisheit und Geist, während Meinung und Ver-

---

28   NE VI, 1139 a28.

mutung als subjektive und nicht verifizierbare Aussagen keine wahren Erkenntnisse liefern können. Die Besonnenheit, eine Tugend von besonderem Einfluß auf das Verhalten, ist dabei als Korrektiv zu verstehen, denn sie ist die Phase des Überlegens, Nachdenkens und Abwägens der Alternativen, um eine sinnvolle Entscheidung treffen zu können. Ohne diese wichtige Phase in der Entscheidungsfindung könnten Affekte eine vernunftgesteuerte 'Einsicht' und sinnvolles Handeln verhindern.

Vor allem *„die Klugheit* (hervorgebracht durch Erfahrung, E.J.) *aber betrifft das Menschliche und jene Dinge, die man überlegen kann*", und *„der schlechthin Wohlberatene ist der, der durch Nachdenken das höchste dem Menschen durch Handeln erreichbare Gut zu treffen weiß*".[29]

Dass der Mensch in seiner Eigenschaft als denkendes Wesen in der Ethik des Aristoteles in allem Handeln selbst zur Verantwortung verpflichtet wird, ist eine Forderung, die von elementarer und nicht zu widerlegender Bedeutung ist. Wie viel einfacher ist es jedoch, sich jeder Verantwortung zu entziehen und den Anderen, die Politik, Institutionen usw. für eigenes Versagen oder Fehlentscheidungen zur Rechenschaft zu ziehen, wie dies immer häufiger in unserer Zeit geschieht. Eine solche Einstellung verändert nicht zuletzt auch das eigene Ich, indem Selbstkritik und mit ihr soziales Verhalten und Tugenden wie Pflichtbewußtsein und Leistungsbereitschaft keine Rolle mehr spielen. Damit geht auch das Streben (órexis)

---

29 Ebd., VI, 1141 a31.

nach Erkenntnis und Einsicht und einer entsprechenden Lebensweise verloren und führt in ein abhängiges und leeres Leben, das ´wahres Menschsein´ ausschließt.

Das aristotelische Menschenbild, welches von den Menschen Selbstverantwortung und geistige Eigenständigkeit fordert, stellt von daher den Schwerpunkt der ethischen Theorie dar. Basierend auf der faktischen Wirklichkeit, die Aristoteles kritisch analysiert, bezieht er zu realisierende Normen und Werte auf die konkrete Lebenswirklichkeit der Menschen. Diese sehr modern anmutenden Gedanken und Schlüsse werden insbesondere im dritten Buch der Nikomachischen Ethik folgendermaßen formuliert: *„Unfreiwillig scheint zu sein, was durch Gewalt oder Unwissenheit geschieht. Gewaltsam ist, was seinen Ursprung außerhalb hat und zwar so, dass der Handelnde oder Leidende keinen Einfluß darauf hat"*.[30]

Der mündige und freiwillig Handelnde hingegen steht in der Verantwortung für sein Handeln und muß es rechtfertigen. Er kann sich folglich niemals auf Zwänge oder auf die Vernunft einschränkende Anordnungen berufen, die ein unmoralisches Handeln legitimieren könnten. Auf diesem Hintergrund gilt sein Handeln, das hohe Anforderungen an das Individuum stellt, mithin als ethisch begründet. Aber er wird auch für seine Handlungen zur Verantwortung gezogen werden können, weil sie der allgemeinen Auffassung widersprechen. Und so wird er in eine Außenseiterrolle geraten, die ihn angreifbar

---

30   Ebd., III, 1109 b30.

und verletzlich macht.

2.

Da die Seele die erste Entelechie ist und das eigentliche Sein des Menschen verkörpert, ist sie – wie Walter Bröcker aus De Anima anführt: *„der Seinsgehalt, im Sinne des wesentlichen Waseins eines Seienden, das als Lebewesens bezeichnet wird und dessen Sein das Leben ist".*[31] Und weil der Seele Vernunft inhärent ist, ist der Mensch verpflichtet, die Vernunft der denkenden Seele zu nutzen, um Verstehen und sinnvolles und gerechtes Urteilen und Handeln zu erreichen.

Freilich entsprechen viele der von Aristoteles genannten Tugenden den Vorstellungen seiner Zeit und bedürfen einer zeitgemäßen Modifikation und Ergänzung, wenn sie in einer demokratischen Staatsform Geltung beanspruchen wollen. Dennoch implizieren sie Elemente, die auch heute noch ihre Bedeutung für das Zusammenleben einer zivilisierten Gesellschaft besitzen. Was wäre eine Gemeinschaft ohne Gerechtigkeit, ohne Besonnenheit, Hochherzigkeit, Mut, Tapferkeit, Sanftmut oder gar Freundschaft? Was wäre alles Denken und Handeln ohne ihre Bindung an die Mitte, an das rechte Maß zwischen Extremen? Die häufig getroffene Forderung der aristotelischen Ethik nach ›Maßhalten‹ (i.e. die vernünftige ›Mitte‹ zwischen Alternativen bei Willensentscheidungen) gehört sicherlich zu den zentralen und wichtigsten Kategorien der Tugendlehre, denn

31   Bröcker, W.: Aristoteles. Frankfurt/M. 1964, S. 129.

im Maßhalten vereinigen sich nicht nur alle Tugenden, die die Charakterstärke des Individuums betreffen, es richtet sich zugleich grundsätzlich auch auf ein lebenswertes Leben, das nicht von Willkür, Herrschsucht und Mißgunst erfüllt ist. Denn von Vernunft, Einsicht und Überzeugung geleitet, vermag es der moralisch handelnde Mensch, sich selbst Grenzen zu setzen.

Tugenden dienen ferner dazu, eine gewisse Ordnung und Sicherheit in das Leben der Menschen zu bringen und zugleich auch Halt und Orientierung. Sie sind mithin charakteristisch für einen zivilisierten Menschen als Kulturwesen und gehören zu den anthropologischen Grundprinzipien einer funktionierenden Gesellschaft. Sie sind das Fundament einer höheren, einer humanistisch geprägten Lebensgestaltung und eine disziplinierende Kraft in der Gemeinschaft, wie in den folgenden Kapiteln noch weiter ausgeführt wird.

Diese auf sozialphilosophischen und anthropologischen Überlegungen beruhende Deutung der Tugenden ist vor allem für politische Strategien und Konzepte von Bedeutung, wenn es um Demokratie und Freiheit geht. Denn durch die in der Demokratie gewährten Freiheiten, deren Grenzen häufig überschritten werden, gerät die Stabilität der Gemeinschaft und des Staates insgesamt in Gefahr. Das geschieht, wenn Freiheit verstanden wird als das unbegrenzte Ausleben des Individualismus ohne Grenzen und Regeln, also ohne Tugenden und ohne den Gedanken, dass das Recht auf eigene Freiheit an der Freiheit des Nächsten endet. *Freiheit* bedeutet nach

Aristoteles indes, die Rechte aller zu respektieren und eigenes Wollen und Handeln daran auszurichten. Es gilt also, eine solche Haltung zum Wohle der Gemeinschaft zu erstreben, um ihren Bestand zu erhalten.

So gesehen, ist die gesamte antike Ethik eine 'Strebensethik', wie der Aristoteliker Hans Krämer in seiner Schrift betont. Nicht auf kategorischen Imperativen beruhe die Strebensethik, sondern vielmehr auf „hypothetischen", die erst durch das Wollen und Streben des Individuums realisiert werden können.[32] Das bedeutet schließlich für das Gemeinwesen, dass das Individuum durch sein Denken und Handeln an der Aufrechterhaltung der Demokratie mitzuwirken hat und die Freiheit zu schätzen und zu schützen weiß.

32   Krämer, H.: Integrative Ethik. Frankfurt/M. 1992, S. 10.

V.
Die aristotelische Ethik im philosophischen Diskurs

Halten wir einmal die wesentlichen aristotelischen Gedanken zur Ethik fest, um auf dieser Grundlage Anknüpfungspunkte im philosophischen Diskurs exemplarisch zu erörtern:

a) Die Ethik des Aristoteles basiert auf der Annahme, dass das Wesen des Menschen grundsätzlich zum wahren Menschsein (zum Guten) strebe.

b) Die innere Fähigkeit des Wollens und Strebens entfaltet sich freilich nur im denkenden und geistig unabhängigen Individuum.

c) Nur durch Tugenden kann das höchste Ziel – die Glückseligkeit, also eine innere Zufriedenheit und Ausgeglichenheit als vollendetes Leben, erreicht werden.

d) Ein vollendetes Leben vollzieht sich in einer humanen, verantwortungsbewußten Gemeinschaft.

1.

Die Erkenntnisse der aristotelischen Ethik durchziehen die gesamte abendländische Philosophiegeschichte und haben zu verschiedenen Neuansätzen und Neuinterpretationen unter Einbeziehung der veränderten

Lebensbedingungen und Weltanschauungen geführt. Für das 20. und 21. Jahrhundert sind insbesondere J. Ritter, Rawls, MacIntyre, Taylor, ferner auch Hans Krämer und Martin Rhonheimer zu nennen, die aristotelische Ethik im Blick auf die veränderten Lebensbedingungen und die veränderte Weltanschauung erörtert haben. In seiner Ethik entwickelt Rhonheimer eine an Aristoteles anschließende Tugendlehre, sieht im verantwortungsvoll agierenden Subjekt das Fundament ethischen Handelns und wendet sich gegen Utilitarismus und von außen einwirkende Normen. Dabei spricht er von einer „anthropologischen Wende", indem die „radikalen" Formen der antiken Tugendlehre als das von Natur aus Gute (weil Vernünftige) als Fundament für ein „ideal gelungenes Menschsein" angeführt wird.[33] Dabei konzentriert er seine ethischen Forderungen primär auf das verantwortungsvolle Individuum und kann so sagen, moralisches Handeln basiert *„auf dem Standpunkt des Menschen als leib-geistige Einheit und handelndes Subjekt"*, welches trotz aller inneren und äußeren Widerstände zum Guten hin tendiert und dies im Dienste *„der Wahrheit des Guten und damit im Dienste des Interesses am Gelingen der eigenen Existenz"*, welches freilich das Interesse am jeweils anderen einschließt.[34]

Diese sichtbar an Aristoteles anschließenden Schlußfolgerungen sind zutiefst humanistisch begründet, muten zugleich aber auch idealistisch an, sodass Ein-

---

33 Rhonheimer, M.: Die Perspektiven der Moral. Philosophische Grundlagen der Tugendethik. Berlin 2001, S. 11ff.

34 Ebd., S. 15f.

wendungen nicht zu verhindern sind. 1. zeigt sich in der Realität, dass der Mensch altruistischen Motiven gegenüber keineswegs grundsätzlich aufgeschlossen ist, wenn er die Verwirklichung seiner eigenen Interessen erreichen will. 2. das Erkennen des Guten kann subjektiv und nicht als absoluter Wert erfahren werden. Der aristotelischen Theorie folgend, wendet Rhonheimer jedoch ein, dass der Mensch grundsätzlich nach Vollendung seiner Person strebe, was zugleich auch ein ʹgutes und sinnvolles Lebenʹ bedeute, welches ihm auch gelinge, insofern der Standpunkt moralischen Handelns im Subjekt selber liege, nicht aber – wie in der Pflicht- oder Sollensethik – durch normative Prämissen aufgezwungen werden. Seine Ethik ist folglich eine Individualethik, in der vor allem die konkrete Selbsterfahrung des Subjekts als vernunftbegabtes Wesen zentral ist. Damit folgt er einerseits der aristotelischen Theorie, andererseits aber auch zeitgemäßen Vorstellungen von einem freiheitlich handelnden und Verantwortung tragenden Individuum. Hierzu schreibt er: „*Falls wir wirklich etwas von Natur aus als gut erstreben, so kann dies nur aus einem Grund sein: Weil unsere Vernunft wiederum von Natur dieses so Erstrebte als gut erkennt...*".[35]

Als Richtlinie und Korrektiv dieses kognitiven Aktes wirken nun das Gewissen und das sittliche, auf Erfahrung beruhende Wissen, welche als geistige Vermögen die Fähigkeit besitzen, über das eigene Denken und Handeln zu reflektieren. Denn das Gewissen ist die Stimme

---

35   Ebd., S. 229.

der Wahrheit und entspringt der kognitiven, personalen Autonomie des Menschen und wägt letztlich über Sinn und Richtigkeit der Handlung ab.

Dass diese Auffassung über moralisches Denken und Handeln gleichwohl ambivalent ist, erweist sich bereits hinsichtlich ihrer Prinzipien und Akzentsetzungen inbezug auf Allgemeingültigkeit. So nähren die kulturellen, religiösen und historischen Differenzen und Dissonanzen Zweifel an ethischen Konzepten, die einerseits dem abendländischen Denken und einem freiheitlich-demokratischen Fundament entspringen und auf dieses bezogen bleiben, andererseits aber in anderen – vor allem in autokratischen und dogmatisch strukturierten Systemen – auf strikte Ablehnung stoßen. Auf diese Problematik geht beispielsweise Andreas Graeser in seiner Abhandlung „Philosophie und Ethik" ein, wobei er die aufgrund von unterschiedlichen Grundbedingungen ausgehenden Ethik-Debatten in den Blick rückt.[36] Ausgehend von der Frage nach den dominierenden Leitideen ethischer Theorien, fragt er zugleich nach ihrer Plausibilität und Legitimation, die letztlich auch die kulturellen Voraussetzungen betreffen. Konsequenterweise bilden daher auch die kontrovers behandelten Elemente der philosophischen Ethik wie Pflicht, Sollen, Freiheit und Vernunft den Rahmen der Erörterung, wobei immer auch auf Unklarheiten der Begrifflichkeit inbezug auf Grundlagen und Zielsetzungen ethischer Forderungen verwiesen wird, aus denen sich Zweifel an der praktischen Wirk-

---

36   Düsseldorf 1999.

samkeit ergeben, d.h. die interkulturell nicht vermittelbar sind, weil sie allgemeingültigen Wertvorstellungen nicht entsprechen. So ist zu konstatieren, dass die Relativität der Perspektiven einen kulturübergreifenden Konsens zu verhindern scheint, da die Beurteilung von Werten und Normen keineswegs identisch ist. Dies bezieht sich ausdrücklich auf Menschenrechte, Menschenwürde, auf Gleichberechtigung *aller* Menschen und auf die daraus resultierende Rechtssprechung. Diese Kategorien widersprechen in der Gegenwart in vielen Staaten elementar den Grundsätzen demokratischer Gesellschaften. Sie widersprechen zudem ebenso der aristotelischen Ethik, die von der Vernunft der Seele spricht, also einer spezifischen Weise des Denkens hinsichtlich moralischer und humaner Entscheidungen.

In vergleichbarer Weise habe u.a. auch Heidegger bei der Frage nach dem richtigen Tun zugleich die Frage nach dem 'Wie' des Denkens gestellt, wie Hans-Martin Schönherr-Mann in seiner Abhandlung „Ethik des Denkens" ausführt.[37] Dieses 'Wie' bezieht sich nicht zuletzt auf die Prämissen, die ethische Vorstellungen und Forderungen leiten, ob sie z.B. aus der Ontologie hervorgehen oder auf den Anderen hin konzentriert sind (Levinas), oder ob die 'Eigenverantwortung' als Prinzip herangezogen wird wie bei Sartre.[38]

---

37 Schönherr-Mann, H.-M. (Hg.): Ethik des Denkens. Perspektiven von U. Beck, P. Ricoeur, M. Riedel, G. Valentino, W. Welsch. München 2000.

38 Ebd., S. 10f.

2.

Auch die *Vernunft* bestimmt die aktuelle Ethik-Debatte in der Gegenwart, bildet sie doch im aristotelischen Sinne mit dem Denken eine mentale Einheit. Einen kritischen Aspekt Gedanken liefert Manfred Riedel in diesem Zusammenhang mit der Unterscheidung zwischen dem philosophischen Denken und der Wissenschaftsrationalität, aus der sich eine Modifizierung des Vernunfts- bzw. Verstandesbegriffs in der Moderne ergebe.[39] Folgt man jedoch der aristotelischen Definition des Verstandes- bzw. des Vernunftbegriff (der Verstand als rationale Fähigkeit, die Vernunft als ihr moralisches Korrektiv), so erhalten beide als aufeinander angewiesene Qualitäten ihre je spezifische Eigenart und Aufgabe, die auch in der Wissenschaft gemeinsam wirksam werden müssen. Denn alle Forschung und alle technische Neuerung – will sie nicht verantwortungslos handeln – muß die Folgen ihrer Entwicklung mitbedenken. Dass diese Forderung indes der Realität nicht entspricht, muß nicht eigens ausgeführt werden.

Ein ganz anderer Aspekt beschäftigt Manuel Knoll in seinen Überlegungen zum Bedeutungsverlust der klassischen moralischen Fragestellung, indem er auf Adornos Gedanken zur Moral des Denkens und auf seine Kritik an der „instrumentellen, formalen und zweckrationalen Vernunft" eingeht, welche eine „ideelle Tendenz der Selbstzerstörung der Vernunft" offenbare. „Selbstbeson-

---

39 Riedel, M.: Nach dem 'Ende der Philosophie'. Zur Sache des Denkens im Zeitalter der Wissenschaft. In: Schönherr-Mann, H.M. (Hg.): Ethik des Denkens, S. 59-77.

nenes Denken" dagegen lasse sich im Sinne Adornos als „gewalt- und herrschaftsfreies Denken" charakterisieren, welches moralische Prozesse erst ermögliche.[40] Dass moralische Fragen in der Gegenwart ganz offensichtlich an Bedeutung verloren haben, hat vielerlei Gründe und zeigt sich gegenwärtig bereits im täglichen mitmenschlichen Umgang, wie wir weiter unten noch belegen werden.

Diese Tendenz hat auch Adorno schon in seinen sozialphilosophischen Werken dazu bewogen, die gesellschaftliche Praxis kritisch zu analysieren und die Vernunft des Einzelnen und seine Willensbildung als mündiger Bürger ins Zentrum seiner Betrachtungen zu stellen. Vernunft und freie Willensbildung bezeichnet er demzufolge als Grundlage des mündigen Subjekts und *„so heißt Wahrheit nicht bloß das vernünftige Bewußtsein, sondern ebenso dessen Gehalt in der Wirklichkeit".*[41]

Den emanzipatorischen Gehalt des Vernunftbegriffs der Aufklärung, mit dem er sein philosophisches Denken identifizierte, vertritt ferner Herbert Marcuse, der in den sechziger Jahren einen großen Einfluß durch seine Untersuchungen der Situation des Menschen in der Industriegesellschaft sowie der neuen Herrschaftsstrukturen gewann. In seinem durchaus revolutionär zu verstehenden 1937 publizierten Aufsatz „Philosophie und kritische Theorie", dessen Thesen in seinem 1941

---

40 Knoll, M.: Adornos „Moral des Denkens". In: Schönherr-Mann, ebd. S. 121-138, hier S. 123ff, 133ff.

41 Horkheimer, M./Adorno, Th. W.: Dialektik der Aufklärung. Frankfurt/M. 1971, S. 3. Vgl. auch Adorno, Th. W.: Erziehung zur Mündigkeit. Frankfurt/M. 4. Aufl. 1975, u.a. S. 133.

erschienenen Hegel-Buch vertieft werden, sind Irrationalität und Vernunftdenken zentrale Themen, die auf dem Hintergrund der aktuellen gesellschaftlichen Zustände, also der äußeren Lebenswelt, erörtert werden. Seine Wendung von der „Katastrophe des menschlichen Wesens" verweist darüberhinaus auf seine Erkenntnisse der individuellen Problematik seiner Zeit, in der seiner Meinung nach der Mensch manipuliert und seiner Freiheit beraubt werde.

Diese wenigen Beispiele der intensiven Debatte zum Vernunftbegriff machen schon deutlich, wie unterschiedlich sowohl seine Deutung als auch die sich daraus ergebenden Schlußfolgerungen sind. Ferner wird erkennbar, wie sich Interpretation und Anwendung des Begriffs von der aristotelischen Auffassung der „Seelenvernunft" als Fähigkeit des Individuums und als Grundlage ethischen Denkens und Handelns, natürlich aufgrund der historischen Differenz, unterscheiden, obwohl das Prinzip der *Selbstverantwortung* des Subjekts erhalten und ausschließlich vertreten wird. Es handelt sich mithin – wie schon ausgeführt wurde – bei Aristoteles um eine aus *Erkenntnis* resultierende ́Strebensethik ́, die mit einer Pflicht- oder Sollensethik und einem ́kategorischen Imperativ ́ nur schwer in Einklang zu bringen ist, weil die Pflicht zu moralischem Handeln ein von außen auf das Individuum einwirkendes Postulat bezeichnet, sodass Handeln nicht einer Entscheidung des eigenen Wollen als inneres Streben entspringt. Aristoteles geht es dagegen primär um das Wesen des Menschen und seine durch

Vernunft zu erlangende Einsicht und erst in zweiter Linie um die äußeren Umstände seiner Lebenswelt, die er kritisch analysiert.

Der Philosoph Hans Krämer, hervorgetreten durch seine bahnbrechende Schrift über „Areté bei Platon und Aristoteles"[42], hat es jedoch mit seiner späteren Abhandlung „Integrative Ethik" unternommen, durch eine „rekonstruierende Zusammenführung strebens- und sollensethischer (moralphilosophischer) Argumente" neben den als unversöhnlich geltenden Theorien einer Sollens- bzw. Strebensethik einen dritten Weg ethischer Theoriebildung vorzulegen.[43] Dieses Vorgehen verlangt die Klärung der Frage, ob dem „Sollen" (bzw. der Pflicht) als prinzipiell von außen auf das Individuum einwirkende Instanz die gleiche Wirkkraft und Intensität zukommt wie dem Streben als inneres Movens. Wenn ein willentlicher Akt vorausgesetzt wird, der Streben und Sollen in Einklang zu bringen sucht, so unterschiede sich dies nicht wesentlich von der aristotelischen Ethik, in der die Vernunft der Seele das Sollen (als Sinnvolles, Erstrebenswertes und Notwendiges) ermöglicht und fördert.

Hans Krämer bezeichnet den von ihm als „postteleologische" Strebensethik bezeichneten Ansatz als Theorie der richtigen Lebensführung des Einzelnen, dessen Sichverhalten sich durch selektive Grundentscheidungen auf bestimmte Ziele hin ausrichtet. Im Gegensatz zur tradierten Moralphilosophie, die an Pflicht- und Verantwor-

---

42   Krämer, H.: Zum Wesen und zur Geschichte der platonischen Ontologie. Heidelberg 1959.

43   Ders.: Integrative Ethik. Frankfurt 1992.

tung appelliere, suche die Strebensethik aufklärend und anratend zu wirken, indem sie richtiges, vernünftiges Verhalten anregt oder optimiert. Ihr Adressat sei daher das innere „*Streben, das gehemmt oder über sich im unklaren ist und das sich zu orientieren sucht und sich orientieren läßt*". Es geht also um einen Lern- und Erkenntnisprozeß, der zum „*Lebenkönnen in seiner weitesten Bedeutung*" beiträgt und sich auf Sinnfragen konzentriert.[44]

Das Gute und Sinnvolle als Ziel eines gelungenen Lebens wird also konsequent auf den bewußt Handelnden selbst und seine Handlungsintentionen bezogen. Das Streben als willentlich gesteuerter Akt setzt freilich voraus, dass hinsichtlich des Zieles und der Vorgehensweise ein Abwägen von Alternativen sowie eine Selektion des Sinnvollen erfolgt, was der aristotelischen Theorie in vielerlei Hinsicht entspricht. Von daher ist die Strebensethik eine Individualethik, die den Menschen als Vernunftwesen fordert und ihm Freiheit zugesteht, aber Verantwortung für sein Handeln verlangt.

3.

Die Moralphilosophie ist zunächst nur Theorie, entstanden durch Wahrnehmung äußerer Bedingungen, kritischer Beurteilung und anthropologischer Schlußfolgerungen sowie geleitet von ethischen Forderungen an den Menschen. Dabei mußte sie sich die Frage stellen, ob das Subjekt sich den Forderungen öffnen, das ′Gute′ erkennen und tatsächlich auch realisieren kann, obwohl

---

44 Krämer, H.: Integrative Ethik, ebd., S. 77, 79, 295f.

die Realisierung nicht unbedingt seinen Interessen entspricht. Die Moralphilosophie, so argumentiert Hans Krämer, stelle mit dem Rekurs auf das 'Sollen' oder die 'Pflicht' keineswegs ein überzeugendes Instrumentarium für zu bewältigende Probleme dar. Er entscheidet sich daher für die „dispositionellen Könnensweisen des Subjekts", also für die ganz spezifischen geistigen und mentalen Veranlagungen und Voraussetzungen des Einzelnen, die letztlich über jedes moralische Handeln entscheiden.[45] Doch Können und Wollen als Konstituenten des Strebensprozesses sind intrinsische und subjektbezogene Qualitäten des Bewußtseins, die nicht grundsätzlich auf moralische und sinnvolle Ziele gerichtet sind. Diese Konstellation erkläre, dass die *Kongruenz von Eigeninteresse und sozialen Normen ein Ideal bleibt, das immer nur partiell und temporär realisierbar ist*", wie Krämer durchaus kritisch anmerkt.[46]

Obzwar diese kritische und realistische Wendung Krämers nicht als Plädoyer für die Beliebigkeit moralischen Handelns zu verstehen ist, so deutet sie doch an, dass ein Konsens über verbindliche moralische Normen in der gegenwärtigen Zeit des extremen Individualismus kaum zu erreichen ist. Dass ein solcher Bedeutungsverlust ethischer Normen im praktischen Lebensalltag sich gleichwohl noch dramatischer auswirkte als gegenwärtig festzustellen ist, wenn sie auch die Grundkategorien der Humanität beträfen, muß nicht eigens ausgeführt werden.

45 Ebd., S. 84f.
46 Ebd.

VI.
Das Gute als Ziel der aristotelischen Strebensethik

Im folgenden geht es um die Konsequenzen, die nach Aristoteles aus ethischem Verhalten entstehen, also um die Verfaßtheit des Individuums, sein Verhältnis zu seinen Mitmenschen und der Gemeinschaft. In diesem Zusammenhang sind natürlich die ethischen Kategorien zentral, vor allem die Besonnenheit, das Maßhalten und die Gelassenheit.

1.

Wie schon ausgeführt wurde, ist die aristotelische Ethik eine Strebensethik, oder präziser: sie ist eine *Ethik der Erkenntnis*, denn dem geforderten Streben geht die *Erkenntnis* und die *Einsicht* voraus, dass das Ziel des Strebens das Gute ist. Daher richtet Aristoteles sein Augenmerk – obwohl er seine Ethik eine praktische nennt – zunächst auf die seelisch-geistige Entfaltung des Menschen, die ihn in die Lage versetzt, Glückseligkeit (als innere Zufriedenheit) zu erreichen, nicht aber sein Leben nur auf äußere Güter zu konzentrieren. *Glückseligkeit* bezeichnet nun den geistigen Zustand (ein gelungenes Leben), in dem der Mensch das Gute wahrnimmt und dementsprechend auch handelt. Daraus folgt, dass moralisches Denken und Handeln nur aus dem Inneren i.e. aus innerer Überzeugung, also aus Erkenntnis und Einsicht heraus entstehen. Diese „eigentliche Tugend" aber ist nicht ohne Klugheit möglich – die „ein Teil des Geistes ist"- , und die rechte Einsicht selbst ist die Klugheit: *„Es ergibt sich also aus dem Gesagten, dass man nicht in einem wesentlichen Sinne gut sein kann ohne die Klugheit, noch klug ohne die ethische Tugend".*[47]

Durch diese Präzisierung grenzt sich die aristotelische Ethik deutlich von einer Pflicht- oder Sollensethik und auch von der Integrativen Ethik ab. Die „Minimalethik", wie Krämer sein Konzept bezeichnet, verzichtet zwar auf verbindliche Weisungen hinsichtlich eines moralisch geführten Lebens und der zu erstrebenden geistig-seelischen Vervollkommnung, will aber „Ratschläge, Vorschläge und Empfehlungen" liefern zur „Lebensbewältigung...und Bedürfnisbefriedigung", deren Einhaltung dem Individuum obliegt.[48] Die „Fähigkeit zur richtigen und effizienten Lebensführung" bedarf daher entgegen der aristotelischen Auffassung einer von außen einwirkenden Belehrung und eines bloßen (damit relativen) Könnens, das eine Bewußtseinsveränderung des Menschen bzw. eine individuelle Entfaltung auslösen soll, die sein Inneres jedoch nicht zwangsläufig berührt oder gar einschließt.

---

47 NE VI, 1144 b31.
48 Krämer, H., ebd., bes. S. 76, 90, 184.

2.

Doch es geht noch um viel mehr: um die „Tätigkeit der Seele" und die Kraft des Geistes, die das Bewußtsein des Menschen verändern und ihn sein wahres Selbst erkennen lassen, sodass er sich im Einklang mit sich selbst befindet, wie Aristoteles erklärt.[49] Dieser Zustand verleiht ihm Stärke, Unabhängigkeit, Selbstvertrauen und Selbstsicherheit. Von einem solchen Menschen sei zu erwarten, dass er Widerständen trotzt, das Wahre und Gute vertritt und sich als mündiger Bürger der Meinung (doxa) der Masse nicht unterwirft, Prinzipien, die bei Kant und der Aufklärung in vergleichbarer Weise erkennbar sind.

Weil die Tätigkeit der Seele „ein volles Leben hindurch dauert", kann der philosophisch denkende Mensch die höchste, das alltägliche Leben überschreitende Tugend und Glückseligkeit erreichen: denn *„unter allen tugendhaften Tätigkeiten (ist) die der Weisheit zugewandte eingestandenermaßen die genußreichste und seligste"*, denn die Weisheit ist von *„wunderbarer Reinheit und Beständigkeit"*.[50] Aber es muß „etwas Göttliches in uns" sein, welches uns die Kraft gibt, ein solches in Muße und mit der Kraft der betrachtenden Seele verlaufendes Leben zu leben, denn *„die vollkommene Glückseligkeit (ist) eine betrachtende Tätigkeit"*, und *„das Leben wird glückselig sein, wenn es in tugendgemäßer Tätigkeit verbracht wird"*.[51]

Die „tugendmäßige Tätigkeit" ist etwas durchaus

49 NE IX, 1166 a14.
50 NE X, 1177 a5.
51 NE X, 1178 a5, 1179 a5.

Herausragendes, und sie stellt nun keineswegs eine einfach zu bewältigende Aufgabe dar, denn sie fordert von den Menschen und auch von den 'Besonnenen' eine innere Überzeugung und Haltung, die auf Selbstbeherrschung (sophrosyne) beruht.[52] Sich selbst zu beherrschen, bedeutet aber, mit Verstand und Vernunft zu denken, sich zu bescheiden und zu kontrollieren und seinen Affekten zu widerstehen. Ferner auch nach dem Sinngehalt seiner Intentionen zu fragen und sie kritisch mit seinem *Wissen* im Gegensatz zum bloßen 'Meinen' und Wollen zu überprüfen, wie im siebten Buch ausführlich erörtert wird, auf das wir weiter unten noch genauer eingehen.[53]

Ein solches Verhalten offenbart zugleich auch seinen sozialen Aspekt: sich Grenzen zu setzen und das Gegenüber und dessen Intentionen in die Entscheidungsfindung einzubeziehen. Selbstbeherrschung als Tugend im aristotelischen Sinne ist daher nicht zuletzt auch als Beweggrund für Empathie zu verstehen. Das bedeutet, auf das Gegenüber einzugehen, sich selbst zurückzustellen und auch auf einen Dialog einzulassen. Diese Haltung prägt auch die Freundschaft, die Aristoteles als Tugend bezeichnet, denn *„außerdem gehört sie zum Notwendigsten im Leben"* und ist wichtiger als alle erdenkliche Macht und Reichtümer.[54] Aber zum Bestehen einer

---

52   NE VII, 1145 a15. Der platonische Begriff 'sophrosyne' taucht auch im Charmides mehrfach auf.

53   NE VII, 1145 a8-31; 1145 b35 – 1146 b30. Aristoteles spricht in diesem Zusammenhang von der Selbstbeherrschung der Tugendhaften (Sophrosyne), um sie den Unbeherrschten gegenüberzustellen. Auch im X. Buch geht er im Blick auf die Freundschaft auf diese Thematik ein.

54   NE VIII, 1155 a3.

Freundschaft gehören noch weitere Tugenden, z.B. gegenseitiges Vertrauen, Hilfsbereitschaft, Sorge, Ehrlichkeit, Sensibilität, Bindungsfähigkeit, Gerechtigkeit, Uneigennützigkeit usw. Von daher ist Freundschaft ein Ausdruck all dessen, was Aristoteles als das Gute bezeichnet und dessen Fundament die Tugend ist. Freundschaften müssen gepflegt werden, wenn sie Bestand haben sollen, was bedeutet, dass in ihnen die „Tätigkeit der Seele" und die Kraft der Tugenden wirken muß, denn: nur *„vollkommen ist die Freundschaft der Tugendhaften"* und sie ist dauerhaft, weil sie das Gute zwischen Gleichgesinnten will: *„Man bezeichnet als Freund den, der das Gute oder gut Erscheinende um des anderen selbst willen wünscht oder tut, oder den, der das Dasein und das Leben des Freundes wünscht um seinetwillen...".*[55]

Die Freundschaft, nicht nur als Ausdruck einer spezifischen Gesinnung oder zufälligen Zuneigung, sondern als soziale Beziehung, stellt für Aristoteles ein hohes Gut dar, denn sie ist geprägt und lebt von der Tugend. Von daher ist sie die Inkarnation des wahrhaft Menschlichen, Sinnhaften und Vorbildhaften im Leben, das sich nicht in Äußerlichkeiten vollzieht, sondern in der Vervollkommnung der Seele.[56] Wie versucht wurde zu zeigen, enthält die Ethik des Aristoteles Prinzipien, die ihre Gültigkeit nicht verloren haben, und die von größter Bedeutung für die menschliche Entfaltung und das menschliche Miteinander sind. Keine Gesellschaft wird auf sie verzichten

55   NE VIII, 1156 b5; b17; NE IX, 1165 a1.
56   Vor allem im 8. und 9. Buch weitet Aristoteles den Begriff der Freundschaft vom individuellen auf den allgemeinen sozialen Bereich aus.

können, wenn sie Humanität und Demokratie garantieren will. Doch der kritische Blick auf unsere Gegenwart zeigt, dass die Welt sich in einer Krise befindet, in der Machtgier, Dogmatismus und Kriege herrschen und einen Rückfall in die Barbarei nahelegen. Sind Tugenden mithin tatsächlich ein Auslaufmodell geworden?

Zweiter Teil

Die Ethik der ontologischen Erfahrung

I.
Grundgedanken der platonischen
Seinsthematik

Aristoteles hat eine Ethik entworfen, die ausdrücklich auf die Vervollkommnung des Individuums angelegt ist, während sein Lehrer Platon eine etwas andere ethische Zielsetzung verfolgte: das Gemeinsame im Sein bewußt zu machen, das eine ethische Grundlage voraussetzt. Seiner Vorstellung wird indes nicht selten Weltferne vorgeworfen, jedoch bei intensiver Betrachtung erscheint sie in vielerlei Hinsicht überzeugend und durchaus auf das reale Leben fixiert. Bernd Knauber bemerkt dagegen in seiner Schrift, dass die Frage nach dem Sein in der Gegenwart an Interesse verloren hat, weil Technologie, Wirtschaft oder Ökologie die Lebenswelt deutlich verändert haben und neue Probleme in den Blick rücken, denen sich die Philosophie widmet. Knauber plädiert demgegenüber für eine Wiederbelebung der Seinsthematik, weil sie sich ausdrücklich auf das menschliche Wesen als Teil einer Gemeinschaft sowie auf sein Bewußtsein und seine seelische Befindlichkeit bezieht, eine Thematik, die angesichts der desolaten Entwicklung der menschlichen Gesellschaft und ihrer Fixierung auf das rein Äußere von größter Bedeutung ist. Doch es gehe dagegen um die metaphysische Dimension unseres Daseins, um ein *„intaktes, gefestigtes Sein"* als Grundlage menschlichen Lebens, das unser Denken und Handeln bestimme.[57]

1.

Im folgenden soll versucht werden, diese Ethik einmal genauer zu betrachten, um zu sehen, welche Alternative sie uns bietet und ob sie in ähnlicher Weise wie die aristotelische Ethik Elemente enthält, die auch heute noch – oder gerade heute – eine Bedeutung für das menschliche Dasein besitzen, indem sie den Blick auf das Wesentliche des menschlichen Lebens richten.

In diesem Zusammenhang geht es also um die Thematik des Seins, welche Heidegger ausführlich behandelt hat und dabei jedoch die Gedanken der Aufklärung negiere, wie Heiner F. Klemme kritisiert.[58] Fast gleichzeitig widmet sich der Philosoph Karl Albert (1921-2008) dem Seinsgedanken – allerdings mit völlig anderen Prämissen und Konsequenzen.[59] Er beruft sich – im Rekurs auf Parmenides und Platon - auf die *Erfahrung* des Seins, entwickelt zwar daraus keine umfassende systematische Ethik, geht aber nicht selten auf die der Seinserfahrung immanenten ethischen Aspekte für das reale menschliche Leben ein.[60] Seine Überlegungen sind in unserem

57 Knauber, B.: Seinsbewältigung. Baden-Baden 2020, S. 11.

58 Klemme, Heiner F.: Die Selbsterhaltung der Vernunft. Kant und die Modernität seines Denkens. Frankfurt/M. 2023, S. 30.

59 Vgl. meine Monographie „Erfahrung des Seins. Reflexionen zur Philosophie Karl Alberts. Sankt Augustin 1986.

60 Albert, K./ Jain, E.: Die Utopie der Moral. Versuch einer kulturübergreifenden ontologischen Ethik. Freiburg/München 2003.

Zusammenhang insofern von Bedeutung, als sie die Ethik Platons und die des Aristoteles in gewisser Weise in Einklang bringen, d.h. indem das menschlich Individuelle und das menschlich Gemeinsame eine sinnvolle Verbindung eingehen, sodass eine weitere, insbesondere für die Gegenwart bedeutsame Dimension der Ethik erkennbar wird, die auf dem Fundament der 'ontologischen Erfahrung' zum Ausdruck kommt. Zunächst also einige Hinweise zu Begriff und Bedeutung der ontologischen Erfahrung, die Karl Albert in seiner grundlegenden Schrift im Rekurs auf Parmenides und Platon und später auch in seinen pädagogischen und sozialphilosophischen Schriften dargestellt hat.[61]

Der Kölner Philosoph-Professor Karl Albert, Schüler von Heimsoeth und Rothacker, lehrte bis zu seinem Lebensende an der Bergischen Universität Wuppertal und hat eine Vielzahl von Schriften verfaßt, die schon früh seine Neigung zu Parmenides und Platon und sein Interesse an der These vom Sein offenbaren, wie seine Untersuchung zu Meister Eckhart zeigt.[62] Zuvor aber hatte er die für seine eigene philosophische Zielsetzung vermutlich wichtigste Abhandlung verfaßt (Die ontologische Erfahrung), die uns nun insbesondere beschäftigen wird, weil sie bereits die Grundlagen für eine ontologisch gegründete Ethik liefert. Albert untersucht hier die philosophischen Positionen zu Wesen und Bedeutung der

---

61 Albert, K.: Die ontologische Erfahrung. Ratingen 1974. Im folgenden mit dem Sigel OE gekennzeichnet.

62 Albert, K.: Meister Eckharts These vom Sein. Untersuchungen zur Metaphysik des Opus tripartitum. Ratingen/Kastellaun 1976.

ontologischen Erfahrung von der Antike bis zur Gegenwart, deren Erkenntnisse für uns dann äußerst wichtig sind, wenn sie eine ethische Tendenz aufweisen.

Die Abhandlung „Die Ontologische Erfahrung" weist bereits im Titel das Schlüsselwort auf, welches den zentralen Aspekt der philosophischen Überlegungen Alberts beschreibt: 'Erfahrung`, denn es geht um die *Erfahrung* des Seins, die keineswegs nur theoretischen Charakter besitzt, sondern vor allem einen praktischen, indem sie einen auf den Menschen fixierten Lebensweg beschreibt, der eine spezifische Erkenntnis aufgrund von Erfahrung voraussetzt.

Eine Erfahrung ist das Resultat eines tiefgreifenden Erlebnisses, das Wirkung nach sich zieht, neue Perspektiven eröffnet und Einstellungen verändert. Albert charakterisiert die ontologische Erfahrung als ein solch tiefgreifendes Ereignis, das den Menschen verändert und seine Sicht auf das Leben und die Welt in einem neuen Licht erscheinen läßt. Doch um was geht es nun in der ontologischen Erfahrung und welche Eigenschaft verleiht ihr eine solche Wirkkraft? Um sie zu verstehen, gilt es, zunächst noch einmal einen Blick auf den Zustand unserer modernen Welt zu werfen, die durch Trennungen und Spaltungen der Menschen geprägt ist, durch von Machtgier getriebenem Nationalismus und Dogmatismus, durch Egoismus und einen ausufernden Individualismus, welcher den eigenen Vorteil zum Prinzip erhebt und ein sinnvolles Miteinander zum Wohle aller ausschließt. Aus dieser Sachlage ergibt sich zwangsläufig die Frage nach Beweggründen, die die Menschen zu einem Umdenken veranlassen könnten. Sanktionen aller Art werden sich als erfolglos erweisen, denn ein Umdenken kann nur durch *rechte Einsicht* erfolgen, wie schon Aristoteles, aber auch Platon im Phaidon sowie die Stoa überzeugend darlegten.

In der Einleitung der „Ontologischen Erfahrung" definiert Albert sein Verständnis des Begriffs der Erfahrung zunächst in Abgrenzung von dem Kants, dessen Erfahrungsbegriff sich auf den Bereich der „empirischen Erkenntnis" beschränke und einer metaphysischen Erfahrung keinen Erkenntnisgewinn attestiere. Dagegen gebe es aber einen in einem weiteren Sinne zu verstehenden Erfahrungsbegriff, der sich der metaphysischen Auffassung nach auf eine „in jeder anderen Erfahrung enthaltene Grunderfahrung" bezieht, die „metaphysische Erfahrung" als Erfahrung des Seins.[63] Diese Definition habe bereits der französische Philosoph Louis Lavelle mit dem Begriff „expérience de l'être" getroffen und damit eine Gegenposition zur 'kritischen Philosophie' eingenommen. Auch bei Heidegger und anderen Denkern trete der unterschiedlich gedeutete Begriff auf und habe im folgenden eine lebhafte philosophische Diskussion hervorgerufen.

Lavelle, auf den wir etwas genauer eingehen werden, hat auf Albert offensichtlich einen besonderen Einfluß ausgeübt, weil dessen Überlegungen zum Seinsgedanken mit seinen eigenen Vorstellungen in vielerlei Hinsicht

---

63 OE., S. 7.

übereinstimmten. So der Gedanke, dass das Sein ständig gegenwärtig ist (als Allumfassendes) und dass es dem Individuum gegenwärtig sei, und zwar als aktive, lebendige Erfahrung. Als Charakteristika dieser Erfahrung nennt Lavelle die *„geistige Erfahrung, Erfahrung der Gegenwart, Erfahrung der Teilhabe, Erfahrung des Aktes, Werterfahrung.“*[64] Die geistige Erfahrung stehe zwischen der sinnlichen Erfahrung und dem rationalen Denken und sei die „Wurzel des logischen Denkens.“ Die Erfahrung der Gegenwart (expérience de présence) bezeichnet Albert als das für Lavelle vermutlich wichtigste Merkmal der Seinserfahrung, weil sie auf die Totalität des Seins verweist und zugleich einen Bezug zur Erkenntnis herstellt, indem durch die Gegenwart des Seins das Sein selbst erfahren wird. Lavelle erklärt diesen Zusammenhang in „La présence totale“ folgendermaßen: *„Die Gegenwart ist der fundamentale Charakter des Seins...(und) ewige Gegenwart...sie ist konkrete Ewigkeit“.*[65] Daraus folgt schließlich die Erfahrung der Teilhabe, denn die Erkenntnis der Gegenwart bedeute nun auch die Erkenntnis der „Teilhabe des Ich am Sein“, was sowohl einen affirmativen als auch negativen Aspekt (durch die Entdeckung unserer „Verschiedenartigkeit vom absoluten Sein“) enthalte. Der affirmative Aspekt hingegen läßt erkennen, dass wir vom „absoluten Sein zwar verschieden, aber nicht von ihm geschieden sind“, eine These, die Lavelle im Gegensatz zu den Existentialisten ausdrücklich vertrete.[66]

64 Ebd., S. 10.
65 Ebd., S. 11ff.
66 Ebd., S. 14.

Einen weiteren Aspekt der Seinserfahrung nennt der Philosoph „Erfahrung des Aktes" (die jede physische Erfahrung transzendiert), eine Bezeichnung, die aus „dem Wesen der Metaphysik" abgeleitet werde. Für Lavelle ist die Metaphysik auf der „Suche nach einem ersten Prinzip" Quelle und Ursprung (er bezeichnet den „Akt" als dynamisches Phänomen), aus dem alles Seiende hervorgegangen ist. Dass die Erfahrung des Aktes vollzogen wird, führt Lavelle zurück auf die „Teilhabe", die eine freie Entscheidung des denkenden Subjekts voraussetzt.

Albert geht nun auf die Konsequenzen des von Lavelle dargelegten Prozesses der Seinserfahrung ein, wenn es um den letzten Aspekt der Seinserfahrung geht: die „*Werterfahrung*". Diese besteht in der Erkenntnis, dass das Sein ein Wert ist, durch den das Leben in besonderer Weise beeinflußt und bestimmt wird.[67] Diese Definition legt bereits die Vermutung nahe, dass die ontologische Erfahrung eine ethische Dimension enthält, insofern sie eine „Fundamentalerfahrung" (expérience élémentaire) ist, die sich in der „Philosophie des Bewußtseins" offenbart, auf die noch genauer einzugehen ist.

2.

In einer ausführlichen Analyse merkt Albert im folgenden an, dass Heideggers Ausführungen zur Bedeutung des Seins sich in vielerlei Hinsicht von Lavelle unterscheiden. Ein wichtiger Aspekt, der vor allem auch den ethischen Bereich betrifft, ist wohl Heideggers Beschrän-

---

67   Ebd., S. 15f.

kung des Seinsverständnisses auf das je eigene Sein: „*das Seinsverständnis des Daseins ist auf das je eigene Sein bezogen, auf das je eigene Sein eingeschränkt und beengt. Es gibt kein universales Seinsverständnis wie bei Lavelle...* Zwar betont Heidegger immer wieder, dass das Dasein durch sein In-der-Welt-Sein charakterisiert sei und dass es in der Angst um das In-der-Welt-Sein als solches gehe, doch ist dieses In-der-Welt-Sein immer nur das In-der-Welt-Sein des je meinigen Daseins.*"[68] Diese Vorstellung würde tatsächlich den Grundgedanken des Seins konterkarieren, nämlich, dass alles Seiende im Sein in einer unauflöslichen Verbindung steht, was natürlich auch die Beziehung der Individuen untereinander tangierte (die sozialen Kontakte, Empathie, Vertrauen usw.). Einer solchen Schlußfolgerung widerspreche Heidegger indes mit den folgenden Worten aus ´Sein und Zeit´: „*dieser existentiale ´Solipsismus´ versetzt aber so wenig ein isoliertes Subjektding in die harmlose Leere eines weltlosen Vorkommens, dass er das Dasein gerade in einem extremen Sinne vor seine Welt als Welt und damit es selbst vor sich selbst als In-der-Welt-sein bringt*".[69]

Dass Lavelles Verständnis der Seinserfahrung sich deutlich von dem Heideggers unterscheidet, zeige sich auch an der Deutung des Begriffs selbst. Lavelle beschreibe außer der expérience de l´être noch eine besondere Weise der Seinserfahrung, „in der der Geist ausdrücklich die Gegenwart des Seins entdeckt." Diese Möglichkeit habe Heidegger offensichtlich nicht in Erwägung gezo-

68 Ebd., S. 19.
69 Ebd.

gen oder nicht gekannt, was dazu geführt habe, die Erfahrung des Seins „nicht als etwas jedem Menschen jederzeit Mögliches zu verstehen", sondern „erst in der Möglichkeit eines zukünftigen Denkens und Menschentums".[70] Max Müller hingegen verstehe die ontologische Erfahrung als fundamentale Erfahrung des Menschen, denn sie *„gehört zur Wesensausstattung des Menschen schlechthin. Man kann daher den Menschen als 'animal ontologicum' oder 'animal metaphysicum' charakterisieren und definieren."* Bemerkenswert sei aufgrund dieser Deutung der von Max Müller erwähnte Zusammenhang zwischen der Lehre von der ontologischen Erfahrung und der Lehre vom Menschen. Daraus lasse sich schließen, dass in der Lehre von der ontologischen Erfahrung die Grundlage einer philosophischen Anthropologie enthalten sei.[71] Ob durch diese Festlegung darüberhinaus auch die Grundlage einer Ethik erkennbar ist, wird noch zu untersuchen sein.

Auch Wilhelm Weischedel hat sich der Thematik des Seins zugewandt und spricht zunächst von einer „metaphysischen Erfahrung", später von einer „metaphysischen Grunderfahrung", die auf das Sein und den Seinsgrund bezogen ist. Diese Erfahrung sei von besonderer Art, denn sie unterscheide sich von alltäglichen Erfahrungen, die sich allein an das Seiende, an das faktisch Wahrnehmbare, halten.[72] Während Weischedel seinen Standpunkt inbezug auf die Seinserfahrung später modifiziert und

---

70 Ebd., S. 25.
71 Ebd., S. 27.
72 Ebd., S. 32ff.

damit bestimmte zentrale philosophische Positionen aufgegeben habe, will Albert diese aufgreifen und sogar weiterführen. In einem Gespräch äußert er sich zu der für ihn wichtigsten philosophischen Thematik folgendermaßen: „*Das Wesen der Philosophie, um die ich mich mindestens seit dem Buch 'Die ontologische Erfahrung' bemühe, ist bestimmt durch die geistige Erfahrung der tiefen Verbundenheit des Ich mit dem Sein... Ich bemühe mich jedenfalls um eine Philosophie, die erfahren und vor allem auch gelebt werden kann.*"[73] Damit beschreibt er eine Philosophie, die nicht im Theoretischen verharrt, sondern die sich dezidiert auf das Wesen des Menschen und seine Lebensweise konzentriert.

---

73   Jain, E./Grätzel, St. (Hg.): Leben für die Philosophie – Leben in der Philosophie. Karl Albert im Gespräch. Freiburg/München 2006, S. 27.

II.
Die philosophische Erfahrung des Seins

In intensiven Studien weist Karl Albert nach, dass die ontologische Erfahrung seit der Antike ein beherrschendes Thema der Philosophie ist, weil *„die Berücksichtigung der ontologischen Erfahrung die unentbehrliche und grundlegende Bedingung eines im eigentlichen Sinne philosophischen Verstehens darstellt.“*[74] Dabei geht es jedoch nicht um die bisher vorherrschende und einseitige Vorstellung vom Wissenschaftscharakter der Metaphysik, die ihn beschäftigt, sondern um eine neue Erkenntnisweise, die den Menschen dazu befähigt, eine „höhere Stufe der Humanität" zu erreichen, weil sich ihr eine tiefere Sicht auf die eigene Existenz und die Welt erschließt, die seine Einstellung zu Sinn und Wert des Lebens zugleich verändert.

1.

Zu den Protagonisten der Seinsthematik gehört zunächst der aus Elea in Unteritalien um 540 v. Chr. geborene Parmenides, der im Proömium seines Lehrgedichts die Auffahrt des Philosophen in einen Bereich schildert, in dem er eine der ontologischen Erfahrung

---

74   OE, S. 47.

vergleichbare Erfahrung macht. Albert erwähnt diese Beschreibung in seinen Schriften häufig, denn sie ist für ihn neben den Erkenntnissen Platons das wichtigste Zeugnis für die Bedeutung der ontologischen Erfahrung in der Philosophie.

Die Philosophie unterscheide zwei Arten der Erkenntnis: die unphilosophische, alltägliche und auf die Belange des praktischen Lebens gerichtete und eine philosophische, die nach Wahrheit suche. Diese zeichne sich dadurch aus, dass sich *„dem menschlichen Erkennen in unmittelbarer Weise das Sein oder die Einheit des Seienden im Sein erschließt."*[75] In der Platonischen Philosophie ist der Begriff des Einen als Zentralbegriff zu verstehen, wie Karl Albert im Rekurs auf Hans Krämer betont.[76] Das bedeutet, dass für Platon die philosophische Erkenntnis eine Erkenntnis des Einen ist, die jedem Menschen zuteil werden kann und eine wesentliche Verbindung unter den Menschen herstellt. Aus dieser Konstellation resultiert die *„Bezogenheit auf andere Menschen als hohe soziale Tugend. Diese Tugend ergibt sich jedoch aus etwas Seinshaftem...Wäre diese Deutung richtig, so ginge soziale Tugend aus etwas Ontologischem hervor, das also den Bereich des Zwischenmenschlichen und Ethischen weit überschreitet."*[77]

Das Eine wird bei Platon häufig in Verbindung mit dem Schönen dargestellt, welches jedoch nicht im

75 Ebd., S. 46.

76 Ebd., S. 47. Vgl. Krämer, H.J.: Arete bei Platon und Aristoteles. Heidelberg 1959.

77 Jain, E./Grätzel, St. (Hg): Leben für die Philosophie, ebd. S. 33. Albert bezieht sich mit diesen Äußerungen auf die chinesische Philosophie, vor allem des Lao-tse, in der die Ontologie ebenfalls eine große Rolle spielt.

ästhetischen Sinne zu verstehen ist, sondern als das Gute, Wahre und Erstrebenswerte, wie im 'Symposion' zu lesen ist. Es handelt sich also um die ethische Dimension der Erfahrung des Seins, wie Albert bestätigt. Platon nehme nämlich an, *„dass der, welcher am Ziel des philosophischen Erkenntnisweges angekommen ist, nicht nur erkennt und schaut, sondern auch in seiner moralischen Struktur verwandelt wird."*[78]

Dass die ontologische Erfahrung und die daraus folgende Erkenntnis sich nicht auf das bloß Materielle und Zweckmäßige bezieht, sondern als geistige Erkenntnis zu verstehen ist, ergibt sich aus vielen Schriften Platons. Diese tiefgehende Erfahrung aber verändert durch die gewonnene Einsicht in eine andere Lebenswelt auch das Denken und Handeln in der Praxis. Auch ein weiterer Aspekt unterstreicht die Besonderheit der ontologischen Erfahrung, welcher sie von allen anderen Erfahrungen fundamental unterscheidet. Albert nennt sie die „innere Erfahrung" oder auch *Innerlichkeit*, die von großer Bedeutung ist, denn das *„ist der Weg, den das Denken bis zum Erreichen seines Zieles zurücklegt, ist ein Weg innerhalb des Denkens selbst."* Das bedeutet, dass die philosophische Erkenntnis völlig anders geartet ist als jede andere Erkenntnis, denn *„sie ist etwas, was in der Seele entsteht."*[79] Und ferner heißt das, dass die Innerlichkeit die tiefste Schicht des Bewußtseins, also das geistige Potential des Menschen bezeichnet.

Innerlichkeit wird häufig in einem esoterischen und

78   OE, S. 57.
79   Ebd., S. 58f.

irrealen Bereich angesiedelt, was der tatsächlichen Bedeutung gleichwohl nicht gerecht wird. Zu verstehen ist unter Innerlichkeit vielmehr ein tiefes, intensives Empfinden eines Phänomens, das beispielsweise auch beim Hören von Musik oder bei der Betrachtung eines Kunstwerkes auf die Intensität des Erlebens verweist. Nicht nur Wilhelm Weischedel hat sich dementsprechend in seinem Werk „Die Tiefe im Antlitz der Welt"[80] dazu geäußert, auch Schopenhauer, der im Erleben des Kunstwerks die Möglichkeit tiefster Empfindungen ansiedelt, spricht letztlich von der Intensität der inneren Zuwendung zu einem Phänomen, durch das ein *„Aufgehen in der Anschauung, Verlieren ins Objekt, Vergessen aller Individualität"* erfolge.[81] Innerlichkeit beruht mithin auf geistiger Zuwendung zu einer bedeutenden Erscheinung und verlangt nach einer spezifischen Einstellung des Bewußtseins. Mit dem Begriff der 'Abgeschiedenheit' (Meister Eckhart) als Abkehr von den Belanglosigkeiten der Welt und gleichzeitiger Tätigkeit des Geistes ist der geistige Zustand der Innerlichkeit zumindest annähernd beschrieben.

Für den Philosophen heißt das, dass die geistige Erkenntnis (die Erkenntnis durch die Seele) von der

---

80 Weischedel, W.: Die Tiefe im Antlitz der Welt. Entwurf einer Metaphysik der Kunst. Tübingen 1952. Vgl. auch Jain, E.: Hermeneutik des Sehens. Studien zur ästhetischen Erziehung der Gegenwart. Frankfurt 1995, bes. S. 97ff.

81 Schopenhauer, A.: Die Welt als Wille und Vorstellung. Züricher Ausgabe. Werke in zehn Bänden 1977, hier Band 1, S.253. Im Blick auf die „Platonische Idee" spricht er auch vom „reinen Erkennen", das durch Hingabe und „entschiedenes Losreißen vom Interesse des Willens" i.e. der äußeren Einflüsse geschieht (S. 262).

sinnlichen getrennt ist, und ebenso die innerliche von der äußeren. Platon spricht daher auch von der Notwendigkeit einer gewissen „Askese" oder Distanz von der alltäglichen Welt, ihren Begierden und ihrer Vergänglichkeit, um die Konzentration durch die Innenwendung auf den geistigen Akt zu steigern.[82] Platon bezeichne den Zustand der Seele in der Erfahrung des Seins mit dem Begriff phronesis (Vernünftigkeit bzw. Besonnenheit), der auch auf die ethische Dimension der Seinserfahrung hinweist. Denn im Gegensatz zum berechnenden Verstand richtet sich die Vernunft auf das Wahre und Gute.[83]

Die Innenwendung ist ein Zustand der Stille und des Schweigens, fern vom Trubel und der Hektik, eine Abkehr von allem Äußerlichen. Man könnte diese Zustand möglicherweise als Solipsismus verstehen, doch man verkenne dabei, dass dieser Zustand das genaue Gegenteil ausdrücke, nämlich die Voraussetzung für das Bewußtwerden der Verbundenheit alles Seienden in der Erfahrung des Seins, wie Albert immer wieder betont.

2.

Ein weiterer Aspekt, der geradezu als Initialzündung der ontologischen Erfahrung bezeichnet werden kann, ist das Staunen (thaumazein), das schon in der Antike bei Platon und Aristoteles als plötzliches Ereignis und Beweg-

---

82 OE, S. 60f. Albert bezieht sich an dieser Stelle auf Phaidon 82 C. Er erwähnt ferner, dass die Bedeutung der 'inneren Erfahrung' bei vielen Philosophen eine große Rolle spiele, u.a. bei Augustinus und Bonaventura, (insbes. S. 69f., 75), aber auch in der Renaissance und Neuzeit.

83 Ebd., S. 61; Im Phaidon (79 D) beschreibt Platon den Zustand der Seele, wenn sie „für sich selbst ist" als Phase der „Ruhe von ihrem Irren" und Zustand der „Vernünftigkeit".

grund für eine außerordentliche, nämlich innere Erfahrung verstanden wurde.[84] Im Blick auf Schopenhauers Deutung bemerkt Albert bemerkt dazu: *„Im Staunen liegt daher einerseits ein Heraustreten aus der Selbstverständlichkeit der naiven Daseinshinnahme, andererseits eine Entdeckung des eigenen Daseins...Die Metaphysik erwächst aus der Reflexion, die zum Staunen gehört. Im Staunen löst sich das Individuum aus der Gebundenheit an die Welt, distanziert sich von ihr und wird so seines eigenen Daseins inne. Im Innewerden des eigenen Daseins aber entdeckt es zugleich das Dasein des Seinsganzen, d.h. der Welt.“*[85] Dadurch, dass im Sein alles Seiende enthalten ist, ist die Verbundenheit alles Seienden gewährleistet, ein Gedanke, der den ethischen und sozialen Charakter des Seinsgedankens klar definiert.

Diese Deutung des ethischen Charakters der Seinserfahrung bzw. des Staunens kann Albert mit Schelers Auffassung bestätigen, wenn vom „Einsichtscharakter des Staunens“ die Rede ist, weil Staunen Erkenntnisgewinn bedeute und dem Bewußtsein eine höhere Ebene des Denkens und Empfindens erschließe. Das Staunen als erschließende Kraft ist ein plötzlicher und unvorhergesehener Akt, der aus einem Zustand der Unwissenheit mit Hilfe des Denkens und des Weiterfragens in einen Zustand des Wissens führt. Insofern ist das Staunen zugleich Ziel der Philosophie, weil es der Weg zur Schau

---

84   Vgl. E. Jain/T. Trappe zum Begriff Staunen. In: Historisches Wörterbuch der Philosophie. Bd. 10. Hg. J. Ritter/K. Gründer, Darmstadt/Basel 1998, Sp. 116-126.

85   OE, S. 110ff.; 115f., 128-140.

der höchsten Idee ist, wie in Platons ´Politeia´ zu lesen ist.

III.
Die Bedeutung der ontologischen Erfahrung für das Leben

Während Albert zunächst einen historischen Überblick über verschiedene Stellungnahmen zur ontologischen Erfahrung gegeben hat, dessen wichtigste Momente hier herausgefiltert wurden, blicken wir nun auf seine Reflexionen, die das Phänomen selbst genauer analysieren sollen und die möglicherweise auch weitere Hinweise auf eine ontologische Ethik geben. Ziel der Überlegungen ist, einige spezifische Elemente der ontologischen Erfahrung zu beleuchten, um ihre Faktizität und ihre Bedeutung für das menschliche Bewußtsein und Leben im allgemeinen und insbesondere für eine Tugendethik zu belegen. Als leitende Gesichtspunkte der Erörterung werden die transzendentalen Grundbegriffe 'ens', 'unum', 'bonum' und 'verum' genannt, wobei vor allem die beiden Letztgenannten moralphilosophische Implikate enthalten könnten und daher ausführlicher in den Blick gerückt werden.[86]

1.

Wenn man voraussetzt, dass das Sein als Urprinzip

---

86   Ebd., S. 123.

des Lebens das Fundament der menschlichen Existenz bildet, so stellt sich sogleich auch die pragmatische Frage, welchen Einfluß es auf das Leben, das Bewußtsein und vor allem auch auf das Verhalten des Menschen in der Welt besitzt. Kann die Erkenntnis, dass alles Seiende im Sein enthalten ist und durch diese Gemeinsamkeit eine Verbindung der Individuen untereinander entsteht, im Blick auf das Gute und Wahre des Seins zu humanen und moralischen Grundeinstellungen führen? Wären Vernunft und Empathie im Wissen um diese Gemeinsamkeit dann die Leitlinien einer erfüllten Lebenszeit, die von Verantwortung und Gerechtigkeit gegenüber der Gemeinschaft und der Natur geprägt ist? Es wäre wohl eine Welt, die sich von unserer fundamental unterscheide, aber ist sie auch utopisch und weltfern?[87] Steht unsere Welt nicht vor derart anwachsenden Problemen, dass die Reflexion unserer Existenz und ein Umdenken zwingend notwendig wäre, sodass eine Hinwendung zum Wesentlichen des Lebens ermöglicht würde? Der Mensch verstünde sich dann nicht mehr als isoliertes und einsames Wesen, ein Zustand, der in der Gegenwart allerdings immer häufiger in allen Generationen nahezu krankhafte Züge annimmt. Dieser Zustand läßt vermuten, dass jeder Einzelne sich unverstanden und ausgegrenzt fühlt und sich daher ausdrücklich auf das eigene Ich konzentriert.

---

87 Vgl. auch K. Albert/E, Jain: Die Utopie der Moral. Versuch einer kulturübergreifenden ontologischen Ethik. Freiburg/München 2003. In dieser Abhandlung wurde bereits versucht, den Weg für eine systematische ontologische Ethik vorzubereiten. Auch frühere Schriften Alberts, auf die wir noch eingehen werden, weisen darauf hin, dass ihn die ethischen Implikate der ontologischen Erfahrung beschäftigten.

Damit verhindert er die Wahrnehmung des jeweils Anderen und der Mensch versinkt in Einsamkeit. Und so bleibt für viele Menschen nur noch die Flucht aus der Zeit der Einsamkeit und Langeweile in die Vergnügungen der auf das äußere Leben fixierten ´Spaßgesellschaft´ (Adorno) oder gar in die selbstzerstörerische Welt der Drogen.

In seinem berühmten Gedicht „Im Nebel" von 1905 beschreibt Hermann Hesse seine Stimmung und seine Gedanken über die Einsamkeit bei einer Wanderung im Nebel:

Seltsam im Nebel zu wandern
Einsam ist jeder Busch und Stein
Kein Baum sieht den anderen
Jeder ist allein

Voll von Freunden war mir die Welt
Als mein Leben noch licht war.
Nun, da der Nebel fällt,
Ist keiner mehr sichtbar.

Wahrlich, keiner ist weise,
Der nicht das Dunkel kennt,
Das unentrinnbar und leise
Von allen ihn trennt.

Seltsam, im Nebel zu wandern!
Leben ist Einsamsein
Kein Mensch kennt den andern,
Jeder ist allein.

Hesse beschreibt in seinem Gedicht von eindringlicher Symbolik die Erfahrung der Einsamkeit, die mit Verlust verbunden zu sein scheint. So wie die Bäume und Sträucher mit ihren Wurzeln in der Erde haften, so verhält sich der Mensch, wenn er ganz auf sich bezogen den Blick für das Andere verliert. Der undurchdringliche Nebel – eine Metapher für seine Unfähigkeit, sich von seiner Ichbezogenheit zu befreien – versperrt ihm die Sicht auf eine wahrhafte und erstrebenswerte Welt und den Kontakt zu anderen Menschen. Und durch das Alleinsein verspürt er eine Leere, die er nicht füllen kann. Er fühlt sich ausgegrenzt, und so bleibt er orientierungslos und einsam zurück. Das führt zu der Frage, ob diese Erfahrung des Dunkels, des Alleinseins und der Einsamkeit ihn weise werden läßt, sodass er den Nebel, der ihm die Öffnung zur Welt und den Menschen versperrt, durchdringen und zur Erkenntnis kommen kann, oder ob die Trennung von allem einst für ihn Wichtigen zu Verzweiflung und Apathie führt.

2.

Wenn wir nach dem Einfluß und der zu erwartenden Wirkkraft der ontologischen Erfahrung auf das Bewußtsein, das Leben und die Befindlichkeit des Menschen fragen, so finden wir überzeugende Hinweise für diese These, die man aus psychologischer Perspektive als 'Lebenshilfe' bezeichnen könnte, denn die Seinserfahrung verändert den Menschen so, dass er sein Leben durch ein anderes Denken und Handeln neu und sinnvoll zu gestalten in der Lage ist. In diesem Zusammenhang spielen die transzendentalen Grundbegriffe ´ens´, ´bonum´, ´unum´ und ´verum´ eine wichtige Rolle, weil es einerseits um eine elementare Erfahrung geht (die Erfahrung des einen und ungeteilten Seins) und andererseits die aus dieser Erfahrung resultierende Erkenntnis des Wahren und Guten, die die Lebensweise des Menschen maßgeblich bestimmt. Hierzu einige weitere Erläuterungen.

Alberts mit vielen Beispielen belegte Darstellung der Seinserfahrung läßt die Schlußfolgerung zu, dass diese fundamentale Erfahrung dem Menschen zunächst eine gewisse *Lebenssicherheit* gewährt, insofern er sich im Weltganzen als nicht isoliert und verloren empfindet: denn er ist Teil des Seienden, welches im allumfassenden Sein aufgehoben ist. Dieses Gefühl der Sicherheit verändert seine Einstellung zum Leben überhaupt, bewirkt positives Denken und Handeln und führt nicht zuletzt zu innerer Ausgeglichenheit und Zufriedenheit. Auch die Beziehung zum Anderen, zum Mitmenschen, wird sich aufgrund der Erkenntnis der Verbundenheit alles Seienden verändern. Er wird Empathie, Toleranz und Menschenliebe als nun selbstverständliche Eigenschaften entwickeln.

Die aus der gewonnenen Lebenssicherheit entstandene Veränderung des Bewußtseins führt schließlich auch zu einem neuen Wissen um das Gute und Schöne, welches für das *ethische Entscheiden* ausschlaggebend ist. So erklärt Peter G. Kirchschläger, dass ethische „Entscheidungsfindung" sich an dem Guten und Richtigen zu orientieren habe, und ethische Handlungen seien durch rationale Argumente zu begründen, um Freiheit und Menschenwürde aus Überzeugung zu garantieren: *„Ethische Entscheidungsfindung nährt sich aus der Moral, die jedoch ethisch zu reflektieren ist"*, um das Gute faktisch zu erreichen und Moralität als Freiheit und allgemeingültiges Grundrecht sowie als Ausdruck des Gewissens, der Vernunft und des Verantwortungsgefühls zu begreifen.[88] Obwohl der Autor sich nicht ausdrücklich auf die tradierte Ethik beruft, entsprechen seine Überlegungen ihr inbezug auf die essentiellen Prinzipien und sind daher für unsere technikorientierte Gegenwart unabdingbar, weil sie vor allem Sozialität und Humanität in den Blick rükken, die auch für die Ethik der ontologischen Erfahrung zentral sind.

Dass zudem die Erfahrung von Freiheit, die Kirchschläger in seine Ausführungen einbezieht, auch in der ontologischen Erfahrung hervortritt, erklärt Albert inbezug auf die Gegenwartserfahrung, in der die Gegenwart im Gegensatz zur Hektik des Alltags nicht flüchtig erscheine, sondern „gewissermaßen als ein ʹnunc stansʹ. In dieser Gegenwartserfahrung schweigen alle Bedürfnisse: „Das Bewußtsein streckt sich nicht aus nach der Zukunft, sehnt sich nicht nach der Vergangenheit", es ist frei von allen Zwängen und empfindet „ein Glück, das die Seele in sich selbst findet" in einem „erfüllten Augenblick".[89]

---

88   Kirchschläger, Peter G.: Ethisches Entscheiden. Baden-Baden 2023, S. 13ff., 59.

89   OE, S. 159f.

Dieses „Daseinsgefühl" beziehe sich gleichwohl nicht nur auf die eigene Existenz als binnenseelische Erfahrung, sondern enthalte auch ein „transsubjektives Moment", das auf das Gemeinsame des Seienden verweise und Sozialität begründe. Ferner erhalte es „Lebensbedeutung", weil der Mensch sich nicht mehr isoliert und verlassen fühle, sondern mit allem Seienden durch die „Seinsgewißheit" verbunden sei.[90]

90   OE, S. 167, 185.

IV.
Die Innerlichkeit und die Bedeutung der Zeit

Dass das Sein nicht abstrakt und kein theoretisches Konstrukt, sondern erfahrbar ist, hat der Philosoph Albert vielfach betont und erläutert. Und dass im Sein alles Seiende enthalten ist, sei ebenso eine Erfahrung, die dem Menschen in seinem Inneren bewußt werden könne, wenn dieses Innere – die Innerlichkeit – sich zu öffnen bereit sei. Welche Voraussetzungen aber sind erforderlich, dass der Mensch überhaupt fähig ist, sich zu öffnen und sich einem bislang Unbekannten zuzuwenden?

1.

Innerlichkeit bedeutet zunächst, sich von Äußerlichkeiten distanzieren zu können, sich dem zu entziehen, was durch diese laute und hektische Welt auf den Menschen eindringt. Damit verbunden ist nicht zuletzt ein kritisches Verhalten, durch das Wichtiges von Unwichtigem unterschieden werden kann, wobei erkannt wird, dass nicht der Zeitgeist und der Trend der Masse und der Medien als Maßstab für das eigene Leben gelten kann, obwohl sie das eigene Ich immer mehr beherrschen, sondern auch unsere Gedanken, unsere Wünsche und unsere Zeit. Dabei erhebt sich die Frage, wie wir unsere

Lebenszeit nutzen, welche Ziele und Schwerpunkte wir uns setzen und ob diese unser Leben bereichern und uns zugleich zu einem mündigen Bürger einer egalitären, aufgeklärten Gesellschaft machen können. Die Zeit erweist sich unter diesem Gesichtspunkt auch als Aspekt eines moralischen Lebens, dessen Verlauf nicht zuletzt von der Einstellung des Individuums abhängt.

Rüdiger Safranski, der zuvor kurz erwähnt wurde, hat in seiner Schrift sehr eindringlich über die Zeit philosophiert und dabei von der „erlebten Zeit" gesprochen und gefragt, ob es einen Aspekt der erlebten Zeit gebe, der eine „Ähnlichkeit mit dem Zeitlosen" aufweist: „*Gibt es Erfahrungen mit der Zeit, die an die dauernde Gegenwart des Ewigen wenigstens von ferne denken lassen?*"[91] Albert würde diesen Gedanken bejahen, indem er ausführte, dass das Zeitlose und Ewige mit dem Sein identisch ist, das sich nicht nur denken, sondern sogar erfahren läßt – und zwar als Seiendes im Sein. In diesem Zustand verliert die wahrnehmbare Zeit ihre Bedeutung, und die Zeit der Dauer „*scheint für einen Augenblick still zu stehen*", wie Safranski bemerkt. Man vergesse sie und alle Äußerlichkeiten, Belanglosigkeiten und auch sich selbst. „Selbstvergessen" sei auch „Zeitvergessen", was gleichwohl nicht „kontemplative Untätigkeit" bedeute, sondern Intensität eines geistigen Zustandes, der weder auf Nützlichkeit ausgerichtet sei noch auf eine „*Zeit, die man glaubt ausfüllen oder gar totschlagen zu müssen*". Es sind die „*dichtesten Augenblicke*" des Bewußtseins, die

---

91 Safranski, R. Zeit. Ebd. S. 227.

den Menschen ausfüllen und erfüllen. Es sind Augenblikke des „Verweilens" und der „Hingabe", die einen neuen Blick auf die Welt eröffnen.[92] Im Rekurs auf Sokrates und Platon spricht auch Safranski in diesem Zusammenhang von der Seele als einer belebenden Kraft, die als Lebensprinzip des Geistes die Innerlichkeit bestimmt. Und so heißt es: *„In der Perspektive der Befreiung von der Zeit ist der Platonismus der Versuch, das Ewige im zeitlich gebundenen Menschen zu entdecken und zwar in der Gestalt der Selbsterfahrung eines Geistes, der sich die Loslösung vom Körperlichen* (allem Belanglosen und Oberflächlichen, E.J.) *zutraut".*[93]

Safranski hebt anschließend hervor, dass man diesen platonischen Gedanken nur richtig verstehen könne, wenn man erkenne, dass es sich hier um die Beschreibung des *„Innewerdens einer Qualität"* (einer elementaren Selbsterfahrung des Bewußtseins) handele, die gelebt werden könne und von daher in ihrer Realisation eine ethische Dimension erreiche.

Die ethische Dimension, von der Safranski in seinen Überlegungen zur 'erlebten Zeit' spricht, wird evident in der ontologischen Erfahrung, die Karl Albert als Erkenntnis beschreibt, in der das Verbindende alles Seienden im allumfassenden Sein zum Ausdruck kommt. Insofern kann man die ontologische Erfahrung als Fundament einer sozialen Ethik bezeichnen, weil die Erkenntnis der Gleichwertigkeit alles Seienden jedes Individuum auch zu einer entsprechenden Haltung dem anderen gegenüber

92 Ebd., S. 229f.
93 Ebd., S. 240ff.

führen wird. Diese Haltung ist geprägt von Empathie und Menschlichkeit sowie von den bereits beschriebenen Tugenden, die von Vernunft und der 'denkenden Seele' geleitet werden. Während Aristoteles sich zunächst dem Individuum widmet und auch dessen 'Glückseligkeit' als Hauptziel seiner Ethik darstellt, geht es in der ontologischen Ethik mehr um die Gemeinschaft und ihre moralische Entfaltung und die Möglichkeiten des Einzelnen, sie zu verwirklichen.

2.

Gleichwohl – so mag man einwenden, ist der Rückzug in die Innerlichkeit auch mit Verzicht verbunden. Aber es ist kein schmerzlicher Verzicht und kein Verlust von etwas für das Leben Bedeutendes. Man „entsagt" den Dingen, die einem nichts „sagen", weil sie weder Sinn noch Wert vermitteln und das Leben nicht bereichern, sondern vielmehr ärmer machen.

Goethe bezeichnete die „Entsagung" als scheinbar schmerzlichen, aber freiwilligen Verzicht, der aus Einsicht und Überzeugung resultiert, um ein höheres, moralisches Ziel zu erreichen. Eine Verbindung zwischen Entsagung und Askese wird auch im Christentum und asiatischen Religionen betont, wenn es darum geht, dem Geist eine höhere Ebene seiner Freiheit zu ermöglichen. Insbesondere in der Stoa bedeutet Askese vor allem die Fähigkeit, seine Gedanken und Affekte durch Enthaltung und Verzicht zu beherrschen, um eine moralische Schulung des Willens zu erreichen, wie ferner bei Epiktet zu lesen ist. Entsagung und Askese sind mithin Wege ins Innere, Wege der Kontemplation zu einer ethisch höheren Ebene des Geistes.

Mit unterschiedlicher Akzentuierung äußert sich die Philosophie zu Entsagung und Askese, grundsätzlich aber geht es um eine Bewußtseinserweiterung durch Verzicht auf Belastendes, durch die Sinn und Wert des wirklichen Lebens erkannt werden und Denken und Handeln entsprechend bestimmen (vgl. u.a. Kant und Schiller). So gesehen, ist Entsagung nicht gleichbedeutend mit Weltflucht, sondern eine reflektierte ethische Entscheidung.

V.
Die ethischen Implikate der These vom Sein

Die folgenden Überlegungen des zweiten Kapitels der Abhandlung wenden sich nun der eigentlichen Zielsetzung zu, dem Nachweis einer Ethik der ontologischen Erfahrung. Während das erste Kapitel die auf das Individuum bezogene Ethik des Aristoteles in den Blick rückte, geht es nun um das Gemeinsame, das die Ontologie im Sein erkennt. Sie besitzt deshalb eine besondere Bedeutung für eine Gesellschaft, weil sie das Verbindende hervorhebt, welches als tragendes Element einer harmonischen mitmenschlichen Beziehung gelten kann.

1.

Platon, auf den Albert sich in seinen Ausführungen beruft, hat in der ′Politeia′ vier Kardinaltugenden vorgestellt, die in der Gemeinschaft durch moralische Regeln den Zusammenhalt garantieren sollen: das Maßhalten durch Vernunft (sophrosyne), die Tapferkeit (andreia), die Weisheit (sophia) und die Gerechtigkeit (dikaiosyne), die Aristoteles auch übernommen hat. Es sind Tugenden, die durch die Seinserfahrung bewußt werden und das Leben der Menschen bestimmen und leiten sollen. Bevor wir die von Albert vertretene platonische Tugendethik weiter erörtern, gilt es aber, zuvor noch einmal einen Blick auf den Prozeß der ontologischen Erfahrung zu werfen.

In der Regel wird die ontologische Erfahrung als ein Vorgang bezeichnet, der sich im Inneren des Bewußtseins als etwas Intuitives und Spontanes ereignet. Dieses Ereignis führt schließlich zu einer „Erkenntnis", die Wirkung auf das erkennende Subjekt ausübt und seine Wahrnehmung und Haltung zur Welt verändert. Eine kritische Erkenntnis aber beruht auf einer von Verstand und Vernunft hervorgebrachten Leistung des Bewußtseins, durch die der Wahrheitsgehalt des Erkannten überprüft, bestätigt oder revidiert worden ist und auf diese Weise dem Vorwurf der Spekulation oder der bloßen Emotion widerspricht. Insofern handelt es sich dann um eine ′Erkenntnis des Seins`, wenn man von der Gewißheit einer überprüfbaren Wahrnehmung ausgeht, während die ′Erfahrung′ als Vorstufe der Erkenntnis zu sehen ist.

Dass das Sein als Fundament allen Seienden keine Utopie ist und die Korrelation allen Seienden miteinander begründet, ist nicht nur eine philosophische Behauptung, sie findet eine Bestätigung auch in den Naturwissenschaften. Vor allem die zunehmende Zerstörung der Natur durch den Eingriff des Menschen hat die naturwissenschaftliche Forschung dazu veranlaßt, die Ursachen dieser Entwicklung eingehend zu untersuchen, was zu der Überzeugung geführt hat, dass es sich nicht nur um die Zerstörung eines einzelnen Phänomens handelt, sondern dass es sich um ein viel weiter reichendes

Ereignis handelt, weil – philosophisch formuliert – das Gemeinsame und Verbindende insgesamt durch den Eingriff selbst betroffen ist. Wenn wir Wälder roden, Moore trockenlegen, Land und Meer verseuchen usw., so hat das unabsehbare Folgen für das gesamte System, weil – wie die Ontologie erklärt – alles mit allem in Zusammenhang steht und zuletzt auch der Mensch betroffen ist und nur er durch sein Wissen um diese Zusammenhänge und seine Vernunft entsprechend agieren kann. Infolgedessen geht es um die Selbstverantwortung jedes Einzelnen, der nicht nur Verantwortung für sein eigenes Leben trägt, sondern faktisch auch für die Welt, in der er lebt. Der Philosoph Wilhelm Weischedel bemerkt im Sinne der Philosophie der ontologischen Erfahrung dazu folgendes: *„Das Selbst der Selbstverantwortung steht nicht...rein als solches und ohne Bezug auf die anderen Leitbilder der Verantwortung vor dem Menschen. Es hat vielmehr aus sich selber heraus eine Verbindung zur Welt des Menschen, zur Mitmenschlichkeit.“* [94]

Diese, der Philosophie der ontologischen Erfahrung verwandten Äußerungen machen deutlich, dass die Schlußfolgerung der These vom allumfassenden Sein sehr dezidiert an ethischen Prinzipien orientiert ist, wie im folgenden noch erörtert werden wird. Wir berufen uns dabei vor allem auf Karl Albert, der schon am Ende seiner Schrift über die ontologische Erfahrung sein Vorhaben andeutet, sich dem Sozialen und der Ethik zu widmen und den lebensnahen Bezug der ontologischen

---

94 Weischedel, W.: Das Wesen der Verantwortung. Frankfurt/M. 3. Aufl. 1972 (Vorwort).

Erfahrung zu belegen.

2.

Aber erst 1981 erschien Alberts kleines Buch über „Das gemeinsame Sein", das jedoch teilweise aus Aufsätzen besteht und folglich keine systematische Ethik enthält.[95] Auch verschiedene Arbeiten über das philosophische Leben weisen darauf hin, dass der Gedanke, die ontologische Erfahrung enthalte ein moralisches Postulat, das sich über den theoretischen philosophischen Bereich hinaus als Moralphilosophie in der Praxis bewähren könnte, ihn immer intensiver beschäftigte, angeregt auch von anderen philosophischen Positionen wie dem Konfuzianismus und vornehmlich von Lao-tse, die er im Original lesen konnte.[96] Dazu heißt es: *„Der chinesische Begriff des gütigen Menschen (jen che) meint die Bezogenheit auf andere Menschen als hohe soziale Tugend. Diese Tugend ergibt sich jedoch aus dem Seinshaften..."* Die Bezogenheit auf den anderen Menschen schränkt jedoch die eigene Individualität – verstanden als bewußtes Ich - nicht ein. Sie bleibt erhalten als Spezifikum eines jeden Subjekts, aber sie wird sich aufgrund des Wissens um die Gleichwertigkeit aller Individuen nicht zu einer übersteigerten Form des Subjektivismus entwickeln.[97]

95   Albert, K.: Das gemeinsame Sein. Studien zur Philosophie des Sozialen. Sankt Augustin 1981. Auch die schon erwähnte Schrift „Die Utopie der Moral" stand unter der Absicht, eine ontologische Ethik zu entwerfen, zu der es nicht mehr kam.

96   Albert, K.: Vom philosophischen Leben. Platon, Meister Eckhart, Jacobi, Bergson, Berdjaev. Würzburg 1995.

97   Jain,E./Grätzel, St. (Hrsg.): Leben für die Philosophie, ebd. S. 33ff.

Wenn hier von den ethischen Implikaten der ontologischen Erfahrung gesprochen wird, so ist damit immer
der Gedanke verbunden, dass sie für den Menschen auch
Lebensbedeutung besitzen. Aufgrund der „expliziten
Weise der ontologischen Erfahrung", die den „höchsten
Grad an Bewußtsein" erreicht, sei ein „Höhepunkt des
menschlichen Lebens und Erkennens" erreicht, wie u.a.
Platons Schilderung der Erkenntnis des Schönen im Symposion belege.[98] Man muß die explizite Weise der ontologischen Erfahrung als einen außergewöhnlichen Bewußt-
seinszustand verstehen, der ausdrücklich auf das Geistige
und das Denken, auf den Sinn des Lebens und eine neue
Qualität des Selbstverständnisses und Selbstbewußtseins
ausgerichtet ist und Denken und Handeln elementar verändert. Demzufolge beeinflußt sie auch alle Erfahrungen
der Lebenspraxis, die Wahrnehmung und moralische
Entscheidungen, die darin getroffen werden. Dabei geht
es immer um das Bewußtsein und die Erkenntnis eines
Wirkungszusammenhangs alles Seienden und um die
innere Verbundenheit der einen Existenz mit einer anderen. Das bedeutet, dass dem Verantwortungsbewußtsein
des Einzelnen eine entscheidende Bedeutung zukommt,
denn es entscheidet letztlich über den Fortbestand des
ganzen Systems, der Seinsgemeinschaft.

98   OE, S. 185, 197ff..

VI.
Die Seinsgemeinschaft

Die ontologische Erfahrung ist bezogen auf das Wissen um ein allumfassendes Sein, das alles Existierende enthält und als Gleichwertiges in der Seinsgemeinschaft verbindet. Sie ist auf das Soziale hin konzipiert, aber auf die Einsicht des Einzelnen angewiesen und hat letztlich zum Ziel, das Gemeinsame durch ethische Normen in einem humanen Miteinander zu realisieren. Damit unterscheidet sie sich deutlich von der aristotelischen Individualethik, die zuerst die Vervollkommnung des Individuums durch Vernunft und Einsicht erreichen will, um anschließend aufgrund des daraus entstehenden Verantwortungsbewußtseins des Einzelnen als mündiger Bürger eine funktionierende Gemeinschaft in den Blick zu nehmen.

1.

Es ist nicht nur der Zwang und die Lebensnotwendigkeit, die Menschen verbinden, sondern eine humane Beziehung zueinander, die ihm die Bezeichnung ʼanimal socialeʻ (Seneca) eingebracht haben. Es ist vielmehr die Tatsache, dass diese Beziehung moralische Momente, also Tugenden wie Verantwortungsbewußtsein und

Achtung dem Anderen gegenüber usw. enthält, die eine zwischenmenschliche humane Lebensweise charakterisiert und letztlich auch gesellschaftskonstituierende und gesellschaftserhaltende Eigenschaften besitzt.[99] Von der Vorstellung einer Massengesellschaft oder einem Kollektivismus ist der Gedanke einer Seinsgemeinschaft daher weit entfernt.

Die dezidierte Betonung der Seinsgemeinschaft, die die Erkenntnis in der ontologischen Erfahrung prägt, läßt die Vermutung aufkommen, dass das Individuum um des Sozialen willen auf seinen berechtigten Anspruch auf Individualität verzichten müsse. Dem widerspricht Albert jedoch, indem er erklärt, dass der Mensch zunächst eine Teilhabe am Sein erfahre und *„Diese Erfahrung bestimmt nun auch seine geistige Entfaltung und damit sein Verhältnis zum Nächsten, so dass er – indem er sich auf diese Weise wahrnimmt, zunächst den Prozeß seiner 'Menschwerdung' durchmacht, um sich schließlich als im Sein gefestigtes Subjekt in einer Gemeinschaft aus ebensolchen Individuen einrichten zu können. Die Individualität bleibt dabei erhalten, das Spezielle, das Einzigartige seiner menschlichen Befindlichkeit. Er wird diese seine Individualität jedoch nicht zum Individualismus (als übersteigerter Form des Subjektiven) ausdehnen, weil ihm bewußt ist, dass jeder andere ebenso wie er selbst ein gleichsam ursprüngliches Empfinden für seine Individualität besitzt, diese leben darf und soll und von daher einen Anspruch auf diese Lebensform besitzt.“*[100]

---

99 Vgl. beispielsweise Locke oder Hutchinson
100 Jain/Grätzel: Leben für die Philosophie – Leben in der Philosophie.

Die Grenzen seiner Individualität, die der Mensch aufgrund seiner Erkenntnis und Einsicht aus freiem Willen akzeptiert, resultieren aus der Reflexion über den Sinn der menschlichen Existenz. Von daher wird die Selbstbeschränkung oder Selbstbeherrschung, die zu den Tugenden gehören, auch nicht als Einschränkung oder Verzicht empfunden werden können. Der Individualismus als extremer Subjektivismus hingegen ist Ausdruck eines ausgeprägten Egoismus, verbunden mit Selbstüberschätzung, Rücksichtslosigkeit und mangelnder Empathie. Ein Mensch, der diese Lebensweise praktiziert, ist daher unfähig in Gemeinschaft zu leben und sie mitzugestalten. Bei kritischer Betrachtung scheint diese Lebensweise aber dem Zeitgeist zu entsprechen, und verfolgt man diesen Gedanken weiter, so wird deutlich, dass sie die Demokratie sogar in höchstem Maße gefährden kann. Denn weil der Anspruch des Einzelnen auf ′Selbstverwirklichung′ und Durchsetzung seiner Interessen dominiert, wird es zu Konflikten kommen, die das gesamte System und das Miteinander zerstören und Gewalt hervorrufen, wie die Gegenwart bereits zeigt. Es ist eine Scheinwelt, in der der Individualismus aufblüht, und in der die Uniformität des „Herdenmenschen" (Nietzsche) über Denken und Handeln herrscht, deren einzige Maxime der Besitz materieller Güter ist, die es zu verteidigen gilt.

Die Philosophin Simone Weil hat sich vor allem aufgrund eigener Erfahrung mit Individualismus und Kollektivismus auseinandergesetzt und ihre Ablehnung

Ebd., S. 35.

gegenüber beiden Lebensformen deutlich formuliert und begründet. So erklärte sie, dass dem Individuum und nicht der Masse der höchste Wert zukomme, und Kollektivismus eine Form der Unterdrückung sei, die in totalitären Systemen angewendet werde.[101] Einen Individualismus allerdings vertritt sie damit keineswegs, denn sie fordert ausdrücklich, den Egoismus zu bekämpfen und das eigene Ich nicht zum Maßstab allen Denkens und Handelns zu machen. Indem sie den Gedanken der Liebe (als 'caritas') ins Zentrum ihrer Überlegungen rückt, stellt sie eine tiefe Verbundenheit zu allem Seienden her, die über das Individuelle hinausreicht. Im Bewußtsein der Verbundenheit liege auch „der Ursprung alles wahrhaft moralischen und sozialen Handelns."[102]

Simone Weils Vorstellung von der Verbundenheit aller Individuen durch die Liebe entspricht in vielerlei Hinsicht den Grundsätzen des Christentums, aber auch denen der Philosophie der ontologischen Erfahrung, vor allem, wenn man die zwischenmenschlichen und ethischen Konsequenzen berücksichtigt. Das Ziel einer funktionierenden Gesellschaft als Seinsgemeinschaft, die nichts mit Kollektivismus gemein hat, ist, die lebendige Individualität als Grund des Subjekts zu erhalten und seine gewonnenen Erkenntnisse eines umgreifenden Ganzen in der Realität wirksam werden zu lassen. Nicht nur das Verhältnis zum Anderen, sondern auch das Verhältnis zur Natur wird reflektierter und empathischer. Verstand

101 Albert, K.: Das gemeinsame Sein. Studien zur Philosophie des Sozialen. Sankt Augustin 1981, S. 55f.

102 Ebd., S. 59.

und Vernunft sind zwar ein wesentlicher Teil eines auf Sinn ausgerichtetes Denkens und Handelns, aber ohne das Bewußtsein einer inneren Verbundenheit alles Seienden wird der Mensch die von ihm verursachten Probleme dieser Welt nicht lösen können, die sogar die mühsam errungene Demokratie der zivilisierten Staaten gefährden könnten.[103] Dass alles miteinander verbunden ist, und dass der Eingriff in einzelne Elemente des Systems durch ihre Wechselwirkung das ganze System und auch die menschliche Existenz negativ beeinflußt, haben selbst die Naturwissenschaften deutlich zum Ausdruck gebracht, ohne dass entsprechende Reaktionen aus Politik, Wirtschaft und Bevölkerung erfolgt wären. Führt mangelnde Vernunft und Gleichgültigkeit also zu Untätigkeit oder sind es jene egozentrischen und unberechenbaren Motiv der Entscheidungsträger, die nur vordergründig das Wahre und Sinnvolle anstreben? Die Anthropologie und die Psychologie könnten hierzu Erklärungen geben, aber bleiben wir zunächst bei der Philosophie, die immerhin Lösungen des Problems anzubieten versucht.

2.

Für die Philosophie der ontologischen Erfahrung spielt das Denken zwar auch eine bedeutende Rolle, aber sie setzt es grundsätzlich in Beziehung zu einer tieferen Bewußtseinsebene, die mit dem Begriff *'Innerlichkeit'*

---

103 Aufgrund der aktuellen Weltlage haben Untersuchungen über ein mögliches Ende der Demokratie erheblich zugenommen. Veith Selk zufolge ist eine Rückentwicklung auch in der westlichen Welt zu beobachten, die er auf die Entwicklung moderner Gesellschaften zurückführt („Demokratiedämmerung". Eine Kritik der Demokratietheorie). Berlin 2023.

charakterisiert wird. Obwohl der Verstand in der Regel als kalkulierende und auf Nutzen ausgerichtete Fähigkeit begriffen wird, dem zwar von der Vernunft Grenzen gesetzt werden, befinden sich beide mentale Fähigkeiten in einem ständigen Konflikt mit den menschlichen Trieben und Begierden, wenn es um Beschränkungen der Interessen und Verzicht geht. Die Philosophie der ontologischen Erfahrung vertritt nun die These, dass 'Innerlichkeit' der geistige Ort ist, an dem eine Erkenntnis die Seele ergreift aufgrund einer unumstößlichen Gewißheit und eines Wissens um den Gesamtzusammenhang alles Seienden, das durch seine Überzeugungskraft dem subjektiven und egoistischen Denken und Wollen keinen Raum läßt.

Darüberhinaus vertritt die Philosophie der ontologischen Erfahrung die Überzeugung, dass jeder Mensch in der Lage und fähig sei, sein Leben aus diesem Wissen heraus entsprechend zu gestalten, wenn er „vollbewußt" lebt. Aber – wie Karl Albert kritisch bemerkt: wir leben in einem Zeitalter der Massen, deren Lebensform auf eine 'scheinbare' Wirklichkeit gerichtet ist, denn: *„Der typische Mensch hat offenbar seinen Halt verloren, indem er immer mehr in die Oberflächlichkeit und das Hin und Her der außenweltlichen Erfahrungen hineingerissen ist und in seiner materialistischen Einstellung und der Belanglosigkeit seiner Vergnügungen seine Wurzeln in der tieferen Welt vergessen hat...Nötig wäre eine völlige Metanoesis, ein Umdenken von den Äußerlichkeiten und Verdinglichungen des modernen Lebens zur Innerlich-*

keit schlechthin. Die Welt, in der wir leben, hat ihre Seele verloren."[104] Eine Befreiung aus der „Wurzellosigkeit des Massendaseins" könne es daher nur geben, wenn der Einzelne es aufgibt, sich nur in der Welt der äußeren Gegebenheiten aufzuhalten und sich ihr unterzuordnen.

In vergleichbarer Weise beschreibt auch der Theologe J. B. Lotz in seiner Abhandlung den Zustand des modernen Menschen: *„Der Alltags- und Massenmensch ist ganz an das Seiende verloren und findet in diesem allein die Wirklichkeit, während ihm das Sein selbst nichts sagt und bedeutet. Darum ist er auf einen engen Kreis und schließlich auf das wenige Seiende, mit dem er sich noch abgibt, beschränkt, wodurch sein Leben verarmt und verkümmert, seinen Gehalt und seine Tiefe verliert"*.[105] Der Alltagsmensch lebt wie der Massenmensch nicht vollbewußt, was bedeutet, dass er sich in einer Wirklichkeit verliert, die seinen Blick auf die Tiefe verhindert.[106]

Mit seiner Deutung der Lebenswirklichkeit verweist Lotz auf die Vereinsamung des Individuums, die in der Tat in der Gegenwart die erheblichen psychischen Probleme in der Gesellschaft erklärt. In der Gemeinschaft des Seins hingegen ist das Verhältnis zur Wirklichkeit ein anderes, denn die Sozialität als bewußtes Miteinander verhindert die Vereinzelung und öffnet den Blick für die wirklichen Werte des Lebens, die grundsätzlich als Aspekte der Ethik zu verstehen sind. Aber das erfordert *„eine Metanoesis, ein Umdenken von Außen nach Innen, vom Gesellschaft-*

---

104 In: Jain/Grätzel: Leben für die Philosophie, ebd., S. 61, 64, 87.
105 Lotz, J.B.: Der Mensch im Sein. Freiburg 1967, S. 366.
106 Albert: Das gemeinsame Sein, ebd., S. 79.

lichen zum Individuellen, vom Oberflächlichen zur Tiefe der Innerlichkeit. Erst wenn das erreicht ist, kann man von einer ontologischen Ethik etwas erhoffen."[107]

Ein Umdenken zu erreichen, erscheint auf den ersten Blick utopisch, wenn man davon ausgeht, dass zumindest die wirtschaftlich erfolgreichen Staaten und ihre Bürger ihre Situation positiv einschätzen und einer Veränderung keineswegs zustimmten. Eine Veränderung – angeregt durch einen Blick auf das Ganze der Welt – machte ihnen wohl unmißverständlich deutlich, dass ihr Wohlergehen und Überfluß auf einem Sonderstatus beruht, der den meisten anderen Ländern verwehrt ist. Aber es würde weiterhin klar: Wollte man dies ändern, wollte man alle Menschen an solch einem Wohlergehen und einem gesicherten Leben teilhaben lassen, so wäre dieses Vorhaben zweifellos mit Verzicht verbunden. Diese auf eigennützigen Motiven begründete Auffassung verkennt allerdings, dass die aus den unterschiedlichen sozialen Verhältnissen und unübersehbaren Ungerechtigkeiten resultierenden Lebensverhältnisse ein friedliches Miteinander der Weltbevölkerung dauerhaft nicht gewährleisten können. Es wird zu Konfrontationen kommen, die schließlich auch die Lebensweise der 'Bevorzugten' massiv beeinträchtigen werden. Migration und Gewalttaten sind bereits die Folge. Diese Entwicklung läßt den Schluß zu, dass *Seinsvergessenheit*, die die Philosophie der ontologischen

---

107 Jain, E./Grätzel, St.: Leben für die Philosophie, ebd, S. 87. Vgl. auch Albert, K./Jain, E.: Die Utopie der Moral. Versuch einer kulturübergreifenden ontologischen Ethik. Freiburg/München 2003. Vor allem der dritte Teil geht ausführlich auf die Bedeutung der ontologischen Ethik und ihre Bedeutung für ein bewußtes und selbstbestimmtes Leben ein.

Erfahrung als Ursache für den ausschließlich auf das Ich konzentrierten Egozentrismus benennt, ein menschliches und gerechtes Miteinander unmöglich macht.

Dritter Teil

TUGENDEN IM WANDEL DER ZEIT

I.
Die Welt in der Krise

Jede Kultur verfügt über ganz spezifische, ihrer Lebensweise entsprechende Tugenden, die sich auf dem Hintergrund ihrer traditionellen, religiösen und sogar ihrer geographischen Gegebenheiten entwickelt haben. Mit der Veränderung der Lebensumstände haben sich im Laufe der Zeit weltweit auch die Tugenden verändert, einige wurden bedeutungslos, andere wurden modifiziert und neue Tugenden kamen hinzu, wobei dogmatische religiöse Vorstellungen auch ihren Einfluß ausübten. Aber es gibt auch Tugenden, die diesem Wandel nicht unterliegen, weil sie das Allgemeinmenschliche betreffen und als Grundprinzip des menschlichen Lebens gelten. Im folgenden soll versucht werden, diese in Vergessenheit geraten Tugenden wieder in den Blick zu rücken, weil sie unabdingbar für den Zusammenhalt einer jeden Gemeinschaft sind und nach Jahrtausenden kriegerischer Auseinandersetzung vielleicht endlich Frieden stiften könnten. Denn auch die moderne Welt ist keineswegs ein Ort des Friedens und des humanen Miteinanders und trotz der Bemühungen einiger Staaten scheint es nicht zu gelingen, die Welt und das Leben als etwas Gemeinsames zu begreifen.

1.

Die herausragenden Leistungen, die die Menschen seit Jahrtausenden vollbracht haben, um die Lebensumstände zu verbessern, werden immer wieder überschattet von einem Rückfall in barbarische Zeiten, in denen sie alles zunichte machen, was sie geschaffen haben. Und auch unser 21. Jahrhundert ist geprägt von unmenschlicher, völlig sinnloser und von machtgierigen Despoten ausgeführter Gewalt und unermeßlichem Leid. Bollnow fordert im Blick auf die Krisen seiner Zeit die *„Verantwortung der Vernunft in einer friedlosen Welt"* ein, wenn es heißt: *„Wir leben in einer bedrohten Welt, in der beständigen Angst vor einem alles vernichtenden Krieg. Es scheint ein reiner Wahnsinn zu sein, der heute im Kampf der großen Mächte die Welt beherrscht und sich wenig um das Glück der Menschen bekümmert. Und was vielleicht noch schlimmer ist: auf der Seite der von Angst bedrängten Menschen breitet sich eine Müdigkeit und Resignation aus, das Gefühl, dass man doch nichts tun kann, dass man hilflos dem Spiel dieser dämonischen Mächte ausgeliefert ist, und dass man von vornherein auf den Versuch verzichtet, das bedrohliche Schicksal abzuwenden."*[108] Wie sehr diese vor Jahrzehnten publizierte Mahnung auch auf unsere Gegenwart zutrifft, belegen die weltweiten kriegerischen Auseinandersetzungen deutlich. Und auch die weltweite Bedrohung durch religiös motivierten Terrorismus und Gewalt, die Jan Assmann auf den absoluten Wahrheitsanspruch der Religionen zurückführt, verhindert ein

---

108 Bollnow, O.F.: Zwischen Philosophie und Pädagogik. Vorträge und Aufsätze. Aachen 1988, S. 11.

gemeinschaftliches und friedliches Leben.[109]

Immer häufiger wird berichtet, dass die Welt aus den Fugen sei und sich eine allgemeine Verunsicherung und Orientierungslosigkeit in der Bevölkerung ausbreite. Insofern unterscheidet sich unsere Zeit keineswegs von den vorangegangenen Jahrtausenden, aber die Gefahren haben noch zugenommen durch die Entwicklung der Technik, der es gelingt, immer perfidere Waffen zu entwickeln, auch durch die Künstliche Intelligenz, die immer weiter perfektioniert wird und ein zur Zeit noch nicht ernsthaft betrachtetes, unberechenbares Potential aufweist, das vor allem hinsichtlich fehlender ethischer und rechtlicher Normen zur Bedrohung für Freiheit und Menschenrechte werden kann. Indem inzwischen den unberechenbaren Algorithmen in vielen Bereichen Entscheidungsgewalt übertragen wird, wird der Mensch zum Spielball der Technologie-Elite und ihrer Überwachungsmöglichkeiten, was bedeutet, dass die Individualität des Einzelnen auf dem Spiel steht.[110] Tatsächlich greift die Künstliche Intelligenz inzwischen in alle Lebensbereiche ein und wird sie vermutlich in Zukunft uneingeschränkt beherrschen, sodass der Mensch in dramatischer Weise entmündigt werden wird.

Aber nicht nur in der großen Politik ist diese beunruhigende Tendenz zu Gewaltbereitschaft zu beobach-

109 Assmann, J.: Totale Religion. Ursprünge und Formen puritanischer Verschärfung. 3. Aufl. Wien 2018. Vgl. auch Abdel-Samad, H.: Der Koran. Botschaft der Liebe. Botschaft des Hasses. München 2016. Der Autor betont, dass der Koran zwar auch Liebe und Toleranz fordere, aber auch den Hass zur Tugend und den Krieg zum Gottesdienst erhoben habe.

110 Vgl. hierzu Knauff, M. u.a. (Hrsg.): Künstliche Intelligenz, Ethik und Recht. Baden-Baden 2024.

ten, sondern auch im zwischenmenschlichen Bereich, in dem ein konstruktives und tolerantes Miteinander immer seltener zu erkennen ist. Nach dem Motto: jeder kann tun und lassen, was er will, herrscht ein überbordender Individualismus und zugleich Egoismus, der sich bereits in der Sprache, aber auch vor allem in Haß den Andersdenkenden gegenüber äußert. Hinzu kommt eine irreale Selbstüberschätzung und ein damit verbundenes überhöhtes Anspruchsdenken, das zugleich von Gier und Neid geprägt wird. Dabei zeigt sich auch, dass man nicht die eigene Leistung als Grundlage besserer Lebensbedingungen betrachtet, sondern dass die Fürsorge für das eigene Leben vielfach dem Staat und seinen Sozialangeboten überantwortet wird. Der Mensch entzieht sich mithin der Verantwortung und der Verpflichtung, selbständig zu denken, zu handeln und zu leben und gerät immer mehr in geistige Passivität. Es ist ein Versagen des Geistes vor den Trieben und Begierden der dunklen Seite des menschlichen Wesens, das eine Besinnung auf die Vernunft verhindert.

Aus dieser so beschriebenen Einstellung des modernen Menschen resultiert nicht zuletzt ein weiteres Problem, welches die Existenz des Menschen und der Natur betrifft, wie die aktuelle Forschung zu berichten weiß. Es geht um den Umgang des Menschen mit der Natur bzw. mit den Folgen, die seine unermeßliche Gier nach Wirtschaftswachstum durch Ausbeutung der Natur betrifft. Dieses Verhalten hat bereits zu einer Existenzfrage des Lebens überhaupt geführt, wie die Naturkatastrophen in der ganzen Welt zeigen. Die Erkenntnis, dass alles miteinander zusammenhängt und voneinander abhängt, und dass keine Erscheinung des Seienden isoliert zu betrachten sei, ist eine philosophische Erkenntnis, die das alltägliche Denken und Handeln offensichtlich nicht tangiert. Doch alles Existierende – Lebewesen oder Pflanze – besitzt einen intrinsischen Wert an sich, dem auch ein Recht auf Existenz zusteht, wie juristische Entscheidungen inbezug auf den Naturschutz festlegten. Diese Entscheidung zum Naturschutz ist von essentieller Bedeutung, denn sie definiert zugleich den Status des Menschen neu: nicht als Herrscher der Welt, sondern als Teil eines übergeordneten Ganzen, dem Verantwortung zukommt. Der Mensch kann seinen Status als Teil des Weltganzen aus Überzeugung akzeptieren, indem er der Aufforderung nach Besonnenheit und Bescheidenheit folgt. Vermutlich aber werden ihn Rationalität, Vernunft und sein Lebenstrieb erst zu einem Umdenken zwingen, wenn er keinen anderen Ausweg zur Sicherung seiner Existenz mehr sieht.

2.

Wenn ein Umdenken lediglich aus Rationalität erfolgt, so geschieht dies noch ohne ethische Reflexion. Doch selbst die bloße Rationalität konnte bislang die Verantwortlichen nicht daran hindern, die Welt in ihrem Wirkungszusammenhang zu sehen und entsprechend zu handeln, um ihre Zerstörung aufzuhalten. Es erhebt sich also die Frage, was den Menschen daran hindert, vernunftgemäß zu handeln und den Regeln der Ethik zu folgen. Es ist eine Frage, die sowohl die Philosophie als auch die Anthropologie und die Psychologie beschäftigt. Im folgenden wenden wir uns den Überlegungen des Philosophen und Pädagogen Otto Friedrich Bollnow (1903-1991) zu, der in seinen scharfsinnigen Analysen philosophische, anthropologische und psychologische Erklärungen für den Zustand der Welt und vor allem für die seelische Befindlichkeit des Menschen sucht.

Der Titel dieses Kapitels klingt auf den ersten Blick ernüchternd und vermutlich zu provokativ, um den Ernst ihres Inhalts vor Augen zu führen. Gleichwohl soll der Titel bereits auf eine Thematik verweisen, die den Zeitgeist kritisch und distanziert behandeln will und durchaus konzediert, dass sie im besten Fall eine Rand-erscheinung der soziokulturellen und philosophischen Diskussion darstellt, obwohl die aktuelle Weltlage einge-hende Untersuchungen aus verschiedenen Perspektiven heraus zwingend erforderlich macht. Tatsächlich näm-lich treten Erörterungen über moralische Aspekte der desaströsen Weltlage hinter Erörterungen über finanzi-elle und wirtschaftliche Probleme weit zurück, während deren Ursachen, die in der menschlichen Konstitution zu suchen sind, kaum diskutiert werden. Die wirtschaft-lichen und finanziellen Probleme haben zwar einen ungeheuren, inzwischen auch erkannten Einfluß auf das Leben des Einzelnen, aber sie sind vom Menschen selbst verursacht worden, die ihren eigenen Vorteil gewissenlos zum Nachteil anderer suchen und nutzen. Die bereits erkennbaren Folgen sind einschneidend, denn sie tangieren das demokratische Grundprinzip auf Freiheit und Gleichheit und führen zu gewalttätigen Protesten und einer Destabilisierung der Gesellschaft. Überwiegend betroffen sind natürlich die sogenannten Entwicklungsländer, die schon in der Kolonialzeit der Ausbeutung ausgeliefert waren und auch in der Gegenwart weiter ausgebeutet werden, allerdings auch von den eigenen zu Macht gekommenen Eliten. Die deutlich ansteigende Migration der Menschen aus armen Ländern in die reichen ist ein Indiz für den weltweiten Unfrieden und für die daraus resultierende Gewalt und die Verletzung der Menschenrechte. Der durchaus ehrenwerte Gedanke einer 'Umverteilung' materieller Güter verspricht wenig Erfolg, denn als Zwangsmaßnahme kann er nicht auf Einsicht und eine Metanoesis, ein Umdenken, hoffen. Erfolgreich wird eine Veränderung der Lebensbedingungen nur sein, wenn die Menschheit sich wieder auf das Gemeinsame und zu Erhaltende der Welt und ihrer Spezies besinnt und auf die Tatsache, dass jedes Individuum die Grundsätze der Ethik als unabdingbaren Wert zum Fundament der eigenen Lebensplanung macht. Dass eine solche Lebensweise auch Verzicht und die Reflexion der eigenen Freiheit erfordert, ist ein geringer Preis für ein friedliches und gelingendes Miteinander.

Die folgenden Überlegungen beziehen sich auf dem Hintergrund des bisher Gesagten zunächst auf die Grundhaltung, die eine moderne Gesellschaft charakterisiert, um dann auf die Verhaltensweisen einzugehen, die das Funktionieren einer friedlichen, harmonischen und an Menschenwürde und Menschenrechten orientierte Gesellschaft auszeichnet, die Tugenden. Ihnen hat der Philosoph und Pädagoge Otto Friedrich Bollnow ein kleines Buch gewidmet und nicht nur das Wesen, sondern auch den Wandel der Tugenden untersucht. Seine Analysen und Erkenntnisse sind überaus aufschlußreich, wenn man sie einmal auf die Befindlichkeit unserer Zeit bezieht.

Dass wir in einer Zeit leben, die durch ungeheure Veränderungen durch politische Entscheidungen, den technologischen Fortschritt, aber auch durch eine auf das Individuum konzentrierte Einstellung geprägt ist, hat natürlich auch einen großen Einfluß auf die Lebensweise des Einzelnen und das Gemeinschaftsgefühl. Zudem hat diese Veränderung auch die Einstellung zu Werten, zu der Bedeutung von Regeln und sozialem Verhalten negativ beeinflußt. Alle diese Erscheinungen führen nun zu einem Gefühl der Unsicherheit, oft zu mangelndem Lebensmut oder auch zu der Vorstellung, das Leben im höchsten Maße auskosten zu müssen.

II.
O.F. Bollnows Analyse des Menschen und der Welt

Der Philosoph und Pädagoge Otto Friedrich Boll-now war der letzte Repräsentant der Dilthey-Schule, die auf die Geisteswissenschaften einen großen Einfluß ausgeübt hat. Während Georg Misch sich vor allem der Phänomenologie widmete, setzte sich Hermann Nohl in besonderem Maße mit der Kunst auseinander. [111] Bei-de waren in den zwanziger Jahren die Initiatoren dieser neuen Denkweise, die auch in der Pädagogik zu bedeu-tenden Veränderungen führte. Bollnows Interesse galt insbesondere der Lebensphilosophie der Dilthey-Schule, aber auch der Existenzphilosophie, deren mögliche Syn-these mit der Pädagogik zu einem seiner Hauptthemen wurde. Sein umfangreiches Lebenswerk über Dilthey, die Lebensphilosophie und über die an Helmuth Plessner anschließende philosophische Anthropologie zeugt von seiner lebensnahen und an der Wirklichkeit orientierten Grundlage seiner philosophischen und pädagogischen

---

111 Schon Nohls Habilitationsschrift (Die Weltanschauungen der Male-rei, 1920) oder „Die ästhetische Wirklichkeit. Eine Einführung" von 1935 belegen, dass für ihn die Kunst eine höchst geistige Bedeutung besaß, die die Persönlichkeit und das Denken der Menschen prägt, wie seine Schrift „Vom Sinn der Kunst" ferner deutlich macht. Vgl. auch E. Jain: Vom Sinn der Kunst und ihrer anthropologischen Dimension. Norderstedt 2019.

Arbeit, die auch in seinen Schriften über die Theorie der Geisteswissenschaften erkennbar wird.[112]

1.

Auch Otto Friedrich Bollnows Arbeit über die Tugenden bezieht sich von Dilthey ausgehend primär auf die philosophische Anthropologie und Ethik wie seine zahlreichen und lebensnahen Publikationen belegen. Das Wesen des Menschen und seine Lebensweise zu verstehen, ist daher immer die Grundlage seiner kritischen, aber einfühlenden Überlegungen und Analysen, die nicht belehren, sondern Erkenntnisse und Einsichten hervorrufen wollen.

Vor etwa einem Jahrzehnt habe ich bereits eine kulturkritische Studie zum Menschenbild der Gegenwart publiziert und dabei vor allem das Innere des menschlichen Bewußtseins thematisiert, die Seele. In diesem Zusammenhang boten auch die Schriften Bollnows und vor allem seine Überlegungen zur Ethik wichtige Anregungen und Erkenntnisse, um die aktuelle geistige und gesellschaftliche Situation besser verstehen und beurteilen zu können.[113]

Inzwischen hat sich die Weltlage durch Kriege, Nationalismus und die Folgen der klimatischen Verän-

112 Bollnow, O.F.: Studien zur Hermeneutik, 2 Bde. Freiburg/München 1982/1983. Die Verwirklichung des menschlichen Wesens beschäftigt Bollnow in der großangelegten Studie „Mensch und Raum" (Stuttgart 1984).

113 Jain, E.: Verlust der Seele. Eine kulturkritische Studie zum Menschenbild der Gegenwart. Norderstedt 2015. Die Untersuchung bezieht sich vor allem auf die seit der Antike betonte Wirkkraft der Seele. Zugleich wird versucht, die Bedeutung des Seelischen für die Moral wieder ins Bewußtsein zu heben.

derungen noch weiter verschlechtert und bei kritischer Betrachtung auch den Menschen selbst einer bedenklichen Veränderung unterworfen. Aus diesem Grund ist es unerläßlich, die Thematik erneut aufzugreifen, zu vertiefen und den Erkenntnissen der Ethik und der philosophischen Anthropologie mehr Raum zu geben. Es geht also um die Tugend als tragendes Element jeder Gesellschaft und um das Verhalten der Menschen im alltäglichen Miteinander. Dabei werden wir sowohl auf einige Tugendbegriffe Bollnows zurückgreifen, als auch auf solche, die die Problematik der Gegenwart und die veränderte Weltlage dezidiert betreffen. Auch einige Tugendbegriffe der aristotelischen Ethik sind heute noch aktuell, haben als zeitübergreifenden Tugenden ihren Sinn nicht verloren und werden ebenso in unsere Überlegungen einfließen. In unserer auf das Individuum konzentrierten Welt scheinen Tugenden, die ehemals als selbstverständlich galten, indes eine immer geringere Akzeptanz zu erreichen, weil ein tugendhaftes Verhalten augenscheinlich immer als Verlust der eigenen Freiheit verstanden wird, denn Tugenden beziehen sich auf den Anderen, auf den Mitmenschen, dem man Gutes entgegenzubringen gedenkt und dabei auch in gewisser Hinsicht Verzicht leistet. Auch Bollnow weist auf den Wandel vieler Erscheinungen des Lebens hin, denen auch die Tugenden unterworfen sind, denn es gebe nichts Festes und Verläßliches mehr, *„an das man sich ein für allemal halten könnte. Immer wird das Frühere vom Späteren verdrängt, ohne dass dieses auch ein Besseres zu sein braucht."* Bedenklich werde dieser ständige Wechsel allerdings, wenn er auch die sittlichen Werte ergreife und „das Verständnis alter, überlieferter Tugenden verblaßt und schließlich ganz verloren geht."[114] Viele Menschen können mit dem antiquiert klingenden Begriff ′Tugend′ oder Demut, Besonnenheit, und Bescheidenheit aufgrund ihres an den Medien orientierten Weltbildes nichts mehr anfangen. Und *„wie viele sind heute wirklich ernsthaft gewillt, ihr Leben unter die Leitung solcher Tugendbegriffe zu stellen, ja, wie viele sind heute überhaupt imstande, mit diesen Wörtern einigermaßen klare Vorstellungen zu verbinden?"*[115] Tugenden sind an eine ganz bestimmte Lebensdeutung gebunden, beispielsweise an kulturelle, religiöse oder eine der Tradition entstammende, sodass sie jedem, der nicht mit diesem Umfeld vertraut ist, unverständlich bleiben. Darüber hinaus geht das Verständnis gewisser tradierter Tugenden verloren, *„in dem Maße, wie die sie tragende geistige Welt verloren geht."*[116] Dann nämlich haben sie ihre Überzeugungskraft und ihre Wirkung auf die Lebensgestaltung des Einzelnen und den Zusammenhalt der Gemeinschaft eingebüßt. Auch die Zunahme von Wissen über die Welt und ihrer Strukturen hat die Gesellschaften verändert und einen Wandel der Tugenden durch die neue Lebenslage und neue Weltsicht verursacht. Das schließt jedoch nicht aus, dass gewisse Tugenden den Wandel der Zeit überdauern, vor allem dann, wenn sie das Miteinander

114 Bollnow, O.F.: Wesen und Wandel der Tugenden. Frankfurt/M./Berlin/Wien 1981, S. 9f.

115 Ebd., S. 10f.

116 Ebd., S. 11.

der Menschen betreffen.

Sehen wir einmal ab von den vielfältigen Bedeutungen, die der Tugendhaftigkeit seit der Antike zugeordnet wurden, so scheint doch nicht nur ein korrekter Lebenswandel oder besondere Fähigkeiten ein Indiz für tugendhaftes Verhalten zu sein, sondern vielmehr eine menschliche Grundhaltung, die die Persönlichkeit des Individuums selbst betrifft. Es ist die Fähigkeit, aus innerer Überzeugung heraus und frei von Affekten nach dem Guten und Wahren (als grundlegenden Werten) und einer tieferen menschlichen Solidarität zu streben. Das eigene Ich und seine Bedürfnisse spielen dabei eine untergeordnete Rolle: *„Es ist das Anspruchslose, mit dem hier ohne viel Worte das Gute getan wird.“*[117] Das bedeutet auch, dass es überzeitliche Grundtugenden geben muß, die das Individuum als Bestandteil seines menschlichen Wesens prägen (u.a. Ehrlichkeit, Selbstbeherrschung, Besonnenheit, Gelassenheit, Zuverlässigkeit). Sie können nicht durch neue, dem Zeitgeist angepaßte Tugenden ersetzt werden, und so wäre ihr *„Verlust eine eingreifende Verarmung des menschlichen Lebens.“*[118]

2.

Wie soeben gesagt wurde, beziehen sich die Tugenden auf die Persönlichkeit, auf den Charakter des Individuums, sodass Bollnow mit Recht betont, dass die Ethik in enger Verbindung mit der Psychologie zu verstehen sei, um überzeugende Aussagen über das Denken und die

117 Ebd., S. 16.
118 Ebd., S. 16.

Handlungen des Menschen machen zu können. Denn weil der Mensch aus Überzeugung eine Entscheidung zu treffen in der Lage ist, spielen seine mentalen und charakterlichen Eigenschaften eine große Rolle, wie etwa die Bereitschaft zur Selbstverantwortung zeigt, die auch Aristoteles in diesem Zusammenhang häufig erwähnt.

Bollnow geht davon aus, dass die Tugenden *„tiefer mit dem bleibenden Wesen des Menschen"* zusammenhängen und *„das Moment einer (wenigstens relativen) zeitlichen Beständigkeit in ihnen nicht zu verkennen ist... Die Tugend bezeichnet so eine allgemeine, über die einzelne Handlung hinausreichende Verfassung des Menschen... Doch bedeutet dies auf der anderen Seite natürlich nicht, dass die Tugenden in einer zeitlich unabhängigen Weise mit dem Wesen des Menschen schon fertig gegeben sind. Ihr sittlicher, d.h. auf Freiheit beruhender Charakter bedeutet, dass die Tugenden nicht von Natur aus vorhandene Eigenschaften sind, sondern vom Menschen erst in ausdrücklicher Anstrengung hervorgebracht werden müssen. Sie bezeichnen Züge am selbstgeschaffenen Wesen des Menschen."*[119]

Durch eigenes Streben erwirbt der Mensch sich eine ethische Grundhaltung, von der auch Aristoteles in der Nikomachischen Ethik spricht, was bedeutet, dass jeder Handlung ein bestimmter Wert zugeordnet werden muß, für den der Mensch als freies Wesen verantwortlich ist: *„Der sittliche Wille richtet sich also immer auf das jeweilige Ziel; die Tugenden aber sind gewissermaßen das Sedi-*

119 Ebd., S. 22f.

136

ment, das sich im wiederholten sittlichen Verhalten des Menschen ablagert" und auf diese Weise das Fundament der moralischen Grundüberzeugung bildet.[120] Daraus entfaltet sich schließlich ein spezieller Charakterzug der Persönlichkeit und eine bleibende Lebenseinstellung, die der Gemeinschaft als Vorbild dienen kann. Denn jeder wahrhaft moralische Akt erfolgt ohne Bindung an den eigenen Vorteil.

Es gibt eine Vielzahl von Tugenden, die sich kaum zu einem gesamten System zusammenfassen lassen. Aber *„in jeder einzelnen wird schon das ganze Wesen des Menschen in einer besonderen und unvergleichbaren Weise ausgelegt, aus jeder einzelnen erschließen sich zugleich für den ganzen Menschen neue Ausblicke, an jeder einzelnen eröffnen sich neue Einsichten über die Natur des sittlichen Lebens überhaupt... In jeder einzelnen Tugend erschließt sich von einem bestimmten ethischen Phänomen aus zugleich über dieses hinweg ein neues Gesamtverständnis des Menschen."*[121]

Dass mit der Veränderung der Welt auch eine Veränderung des menschlichen Wesens einhergeht, scheint unwiderlegbar. Und dass auch die Tugenden aus diesem Grund nichts Zeitloses und Unveränderbares sind, ergibt sich aus diesem Zusammenhang. Aber sie tauchen in neuer und an den Lebensumständen orientierter Gestalt wieder auf und erfüllen ihren ethischen Sinn als Korrektiv des menschlichen Verhaltens um eines gelingenden Zusammenlebens willen weiterhin. Das heißt, die philo-

120 Ebd., S. 24.
121 Ebd., S. 27.

sophische Tugendlehre „*kann den Blick weiten und das Bewußtsein schärfen, aber sie kann nicht die Entscheidung selber vorwegnehmen. Diese ist nur aus der unbedingten Freiheit des Einzelnen möglich.*"[122]

Die Bereitschaft, sein Leben tugendhaft zu gestalten, hängt – wie Bollnow erläutert – nicht nur von den äußeren Lebensumständen ab, sondern wesentlich auch von den charakterlichen Voraussetzungen der Persönlichkeit, vom Wesen des Menschen, seiner inneren Verfaßtheit. Diese Problematik soll anschließend näher betrachtet werden, wobei Bollnows ausführliche anthropologische Abhandlung über „Das Wesen der Stimmungen" wichtige Begründungen zur Klärung des Sachverhalts geben kann.

---

122 Ebd., S. 30.

III.
Die subjektive Befindlichkeit

Die subjektive Befindlichkeit hängt ab von der Wahrnehmung der eigenen Lebensqualität, von Gesundheit, äußeren Einflüssen, Erfolgen und Mißerfolgen, von Ängsten und Sorgen usw., aber auch von einer spezifischen inneren Verfaßtheit, die als Merkmal der Einzigartigkeit eines jeden Individuums gilt. O.F. Bollnow hat diese psychologisch und anthropologisch wichtigen Themen in seiner Schrift über „Das Wesen der Stimmungen" eingehend behandelt, auf die wir in gebotener Kürze eingehen wollen, weil Stimmungen durch ihre Variabilität die jeweilige Gefühlslage des Subjekts, seine aktuelle Befindlichkeit, deutlich machen und letztlich auch Erklärungen für die Grundhaltung des Individuums in bestimmten Situationen liefern. [123]

1.

Die anthropologische Frage nach dem Wesen des Menschen und seiner daraus resultierenden Weltsicht hat Bollnow immer schon beschäftigt, vor allem auch in der Zeit des zweiten Weltkrieges, als die dunklen Seiten des menschlichen Wesens sehr deutlich hervortraten. Die bis

123 Bollnow, O.W.: Das Wesen der Stimmungen. 7. Aufl. Frankfurt/M. 1988.

dahin allgemein gültige Bestimmung des Menschen als 'animal rationale', von der schon Aristoteles ausging, war hinfällig geworden angesichts der menschenverachtenden Ereignisse des Krieges.

Bollnow geht davon aus, dass es erforderlich sei, jede einzelne Erscheinung des menschlichen Lebens einer empirischen Untersuchung zu unterziehen, um gesicherte Erkenntnisse über das Wesen des Menschen zu erhalten. Es reiche nicht, einzelne Phänomene des menschlichen Lebens zur Grundlage einer scheinbar gesicherten Aussage zu machen, z.B. den Machttrieb, den Sexualtrieb oder den Egoismus usw. Jede einzelne Erscheinung müsse dagegen auf das Ganze des menschlichen Lebens bezogen werden, um eine sinnvolle und zutreffende Deutung der vielfältigen Formen der menschlichen Natur erhalten zu können.

Mit dieser Bestimmung tritt allerdings das Dilemma einer solchen Analyse zutage, nämlich die Fragwürdigkeit einer gesicherten Deutung des menschlichen Wesens, weil die Ambiguität und die Widersprüche der einzelnen Erscheinungen und ihre Wirkung auf den Menschen selbst keine definitive Aussage auf das tatsächliche Wesen des Menschen zulassen. So kann ein augenscheinlich sozial handelnder Mensch durchaus einen Mord oder andere Untaten begehen, wie dies nicht nur in Kriegszeiten, sondern auch im Frieden nicht selten geschieht. Psychische Probleme als Begründung sind dann zwar die Regel, aber sie dienen nur teilweise einer überzeugenden Erklärung. Ist das menschliche Wesen also ein unberechenbares Phänomen? Bollnow scheint diese Frage zu bejahen, wenn es heißt: „*Seelisches Leben in seiner Lebendigkeit ist eben nichts Festes, das der andringenden Untersuchung standhielte.*" Eine gesicherte Aussage lasse sich daher nur „über den fixierten Ausdruck" erstellen, was bedeutet, dass das Leben sich „*im Ausdruck vergegenständlicht hat, da ist es fest geworden, und da gewinnt das Auslegeverfahren einen festen und durch keinerlei Voreingenommenheit zu beeinflussenden 'Text', an den es sich halten kann.*"[124] Da es kein 'festes Wesen des Menschen' gebe, beziehe sich die philosophische Deutung auch nicht auf „den Menschen" schlechthin, sodass eine Übertragung oder Gleichsetzung der Erkenntnisse auf andere Menschen unmöglich sei. Von einer allgemeinen Wesensstruktur zu sprechen, scheint daher nur sinnvoll, wenn man sie auf die vielfältigen Möglichkeiten bezieht, die dem Menschen im Gegensatz zu anderen Lebewesen zur Verfügung stehen. Sie treffen aber auf unterschiedliches Interesse oder auf unterschiedliche Veranlagung und können folglich kein einheitliches Bild über die Wesensstruktur aller Menschen abgeben, auch weil sie von den jeweiligen Lebensbedingungen abhängt.

2.

Als „elementarste anthropologische Erscheinungen" bezeichnet Bollnow dann die alle Menschen betreffenden 'Stimmungen' als „Grundbefindlichkeiten", aus deren Untersuchung das Wesen des Menschen am deutlichsten

---

124 Ebd., S. 19f.

nachzuweisen sei. Es geht also um das *Seelenleben* als tiefste Schicht des Bewußtseins, das den Menschen und seine Lebenshaltung am meisten prägt. Stimmungen sind nicht grundsätzlich mit Gefühlen gleichzusetzen, die sich temporär auf ein bestimmtes Ereignis oder einen bestimmten Gegenstand beziehen. Stimmungen gehören in den Bereich der Grundverfassung und bezeichnen einen dauerhaften Gemüts- bzw. Seelenzustand, z.B. Schwermut, Trübsinn, Frohsinn, Wehmut. Diese Begriffe legen schon sprachlich nahe, sie mit dem Inneren des Menschen in Verbindung zu bringen: mit dem Sinnhaften und dem Gemüt. Der Frohsinn etwa ist eine individuelle Eigenschaft eines Menschen, dem grundsätzlich eine positive Sicht auf die Welt eignet und der auch schwierige Situation leichter und ohne Verzagen bewältigen wird. Trübsinn und Schwermut hingegen sind Einstellungen, die den Lebensmut erlahmen lassen und den Betroffenen der Realität entfremden, weil seine Aktivität und sein Lebensmut immer mehr verkümmern. Die Stimmungen als seelische Gegebenheiten besitzen also einen ungeheuren Einfluß auf das Leben, auf Einstellungen, Entscheidungen und Handeln, denn sie gehören „*zu der Schicht des tragenden Lebensuntergrunds...die jeweilige Stimmung ist der Rahmen von seelischen Gegebenheiten.*"[125]

Die Stimmung bzw. Gestimmtheit hat ihren Ort zwar im Seelischen, also dem Innenleben des Menschen, aber sie verharrt dort nicht als isoliertes Phänomen, sondern stellt eine Beziehung her zwischen Innen und

---

125 Bollnow. Das Wesen der Stimmungen, ebd., S. 36.

Außen, zwischen Mensch und Welt, wie Bollnow auch im Rekurs auf Heidegger betont.[126] Zweifellos spielt auch die körperliche Verfassung eine bedeutende Rolle inbezug auf die Art des seelischen Gestimmtseins, denn jede Störung der körperlichen Verfassung beeinflußt das Wohlbefinden und ebenso die Stimmung massiv. Leib und Seele stehen mithin in einem unauflösbaren Abhängigkeitsverhältnis, das weitreichende Folgen hat.

Da es eine Vielzahl von ganz unterschiedlichen Stimmungen gibt, die jeweils eine andere Stimmungslage hervorrufen, ist der Mensch in gewisser Weise diesen Stimmungsschwankungen unterworfen, vor allem dann, wenn sie nicht nur Äußerlichkeiten betreffen, sondern vielmehr den inneren Zustand des Menschen wie beispielsweise die Angst, Verzweiflung oder sogar die Langeweile, unter der in der Gegenwart offenbar immer mehr Menschen leiden. Die Folge sind „Resignation", Depression und „Ergebenheit in das Schicksal" und sogar eine Distanz zur Außenwelt durch eine Flucht in die Medien oder den Mißbrauch von Drogen, was bedeutet, dass *das Lebensgefühl im ganzem aus den Fugen geraten*" ist.[127]

Natürlich gibt es auch ein ausgeglichenes und beglückendes Lebensgefühl, das Schopenhauer in der Kunst, hauptsächlich aber in der Musik sah, die eine außerordentliche Bedeutung für den Menschen besitzt, weil sie die eindringlichsten und nachhaltigsten Empfindungen auslöst, sie verleiht Kraft und Inspiration und verbindet Menschen. Das Hören von Musik erfordert

126 Ebd., S. 40ff.
127 Ebd., S. 47ff.

Abstand von äußeren Ereignissen, Stille und Kontemplation und die „Konzentration der Seele" (Bollnow) auf das musikalische Ereignis. Schopenhauer beschreibt die Bedeutung der Musik im Gegensatz zu anderen Künsten folgendermaßen: *"während doch die Musik, als die mächtigste aller Künste, für sich allein, den für sie empfänglichen Geist vollkommen auszufüllen vermag; ja, ihre höchsten Produktionen, um gehörig aufgefaßt und genossen zu werden, den ganzen ungetheilten und unzerstreuten Geist verlangen, damit er sich ihnen hingebe und sich in sie versenke, um ihre so unglaublich innige Sprache ganz zu verstehen."*[128]

Musik erreicht die Seele, wirkt auf sie ein und vermittelt dem Menschen eine dauerhafte geistige Erfahrung, die letztlich auch seine Grundbefindlichkeit tangiert und dem Menschen eine neue Sicht auf die Welt vermittelt. Daraus folgt, dass die kulturelle Erziehung einen eminent wichtigen Einfluß auf die Persönlichkeitsentfaltung besitzt und als zentrales Ziel der Bildung anerkannt werden sollte. Und nicht zuletzt stellt die Wirkung der kulturellen Erziehung ein bedeutendes Gegengewicht zu den Einflüssen unserer materialistischen und auf Äußerlichkeiten konzentrierten Gesellschaft dar. Dieser Zusammenhang wird uns im vierten Kapitel noch weiter beschäftigen.

Naturerlebnisse können gleichfalls die Grundbefindlichkeit nachhaltig beeinflussen, wenn das Außergewöhnliche an ihnen bewußt erfahren wird. Dies trifft

---

128 Schopenhauer, A.: Parerga und Paralipomena. Bd. 2, zweiter Teilband. Zürich 1977, § 220, S. 475.

zum Beispiel bei einer Wanderung durch den Wald, in den Bergen oder am Meer zu, wenn die Geräusche der Natur, das Licht und die von der alltäglichen Hektik befreite Umgebung eine besondere Ruhe vermitteln. Als besonders tiefgreifend werden auch außergewöhnliche Naturereignisse empfunden, z.B. das Polarlicht, ein Regenbogen oder ein Sonnenuntergang, der Sternhimmel, vor denen aus der „inneren Sammlung" heraus die „Außenwelt versinkt". Diese „Konzentration der Seele auf einen bestimmten Gehalt" erklärt Bollnow auch für das religiöse Gestimmtsein in vergleichbarer Weise mit der Wendung einer geistigen Aufnahme „'höher' empfundener Wahrheiten".[129]

---

129 Bollnow.: Das Wesen der Stimmungen, ebd., S. 51.

IV.
Die Grundbefindlichkeit und ihr Einfluß auf die Sittlichkeit

Die Stimmung oder besser: die Gestimmtheit bezeichnet die Grundbefindlichkeit, die seelische Verfaßtheit des Menschen, die sein Denken und Handeln maßgeblich bestimmt. Folgt man dieser Definition, so läßt sich daraus schließen, dass sie auch Einfluß auf das moralische Handeln ausübt. Sie könnte erklären, weshalb Menschen sich zu tugendhaftem Verhalten entschließen oder sich über alle Normen und Gesetze hinwegsetzen, weshalb sie hassen, Verbrechen ausüben, Vorurteile hegen oder aber ein soziales Leben zu führen gedenken. Es ist davon auszugehen, dass die Grundbefindlichkeit, die sich durch Veranlagung, äußere Einflüsse und Erziehung entwickelt, teilweise auch verändern oder weiterentwickeln kann. Dabei spielen auch die *Gewöhnung* an bestimmte Verhaltensmuster, übernommene Einstellungen oder *Vorbilder* eine große Rolle, wie im Kapitel über die Erziehung noch erörtert werden wird.

1.

Die Gestimmtheit wirkt auf eine Weise auf das Verhalten des Menschen ein, wie er die Welt wahrnimmt und wie er sich zu ihr verhält. Man kann sogar so weit gehen zu behaupten, dass Stimmungen (weil ihr Inhalt nicht konstant ist) auch in einer engen Beziehung zu moralischen Werten stehen und dass das Verständnis ihres Sinnes, die Urteile und Entscheidungen trotz einer festen Weltanschauung von ihnen abhängig ist und dementsprechend unterschiedlich ausfällt. Und so kann auch das moralische Verhalten sehr variieren: denn *„so bezeichnet man entsprechend auch in der Stimmung ein Doppeltes: sowohl den Stimmungsuntergrund als auch den Stimmungswechsel; sie geht sowohl auf das Beharrende als auch auf das Veränderliche innerhalb der menschlichen Seele.“* Die Grundstimmungen gehören dagegen zum Wesen des Menschen als bleibendes Fundament, *„auf dessen Boden sich die anderen, nur vorübergehenden Stimmungen erheben und durch den sie in ihrer besonderen Färbung weitgehend bedingt erhalten bleiben.“*[130] Das würde bedeuten, dass die vorübergehenden Stimmungen sich zwar in Nuancen von den Vorgaben der Grundstimmung entfernen können, nicht aber soweit, dass sie gänzlich konträre Entscheidungen und Handlungen verursachen würden. Bezogen auf moralisches Handeln ist dann die Schlußfolgerung, dass ein Mensch mit einer moralisch gefestigten Grundstimmung (an der auch der Wille teilhat) grundsätzlich nicht in der Lage wäre, gegen

---

130 Ebd., S. 60f. Bollnow weist in diesem Zusammenhang auf die Existenzphilosophie hin, der die Entdeckung der Bedeutsamkeit der Stimmungen zu verdanken sei. Vom Begriff der Angst entwickele sie alle wesentlichen Bestimmungen des Menschen, was jedoch das Bild des Menschen in eine einseitige Richtung dränge und seinem Wesen nicht gerecht werde (69ff., 74ff., 80ff.).

moralische Forderungen zu verstoßen.

Der Zustand der 'inneren Welt' des Menschen hat nicht nur eine großen Einfluß auf die Stimmung, sondern kann auch als „verwandelnde Kraft" auf die Beziehung zu anderen Individuen in positivem Sinn wirken, wenn der Mensch sich selbst in einem „*Zustand einer tiefen inneren Befriedigung* (befindet, E.J.) *und zugleich zur höchsten Vollendung seines inneren Wesens gelangt. Dieser letzte und erfüllteste aller Glückszustände, den man am treffendsten mit dem Namen der Seligkeit bezeichnet, ist zugleich der Zustand, in dem der Mensch am vollsten er selber ist.*"[131] Diese an Aristoteles erinnernde Deutung geht davon aus, dass der Zustand der „Glückseligkeit" den Menschen verändert, weil er in sich ruht, von Trieben und Affekten befreit ist und eine Beziehung zu anderen Menschen und zu allen anderen Lebensbezügen eingehen kann: „*Erst aus dieser Haltung ergibt sich das von der eigenen Befangenheit befreite Anschauen, das offen für die Schönheiten der Welt ist und bereit, jedes Ding von seiner eigenen Mitte her und in seinem eigenen Wesen aufzufassen.*"[132] Der Mensch ist nicht mehr nur auf sich und sein Wohlergehen konzentriert, sondern wächst mithin über sich selbst hinaus „zu einer tätigen Bewährung." Es ist eine „sittliche Kraft", die durch das Glücksgefühl im Menschen entsteht und ihn durch die Energie des Glückserlebnisses zu „kraftvollen Taten" anregt, und darin „*offenbart sich die echte Lebensbedeutung des Glücks. Erst dadurch unterscheidet sie sich von den kurzschlüssigen*

131 Ebd., S. 96.
132 Ebd., S. 95.

Formen des Genusses."[133]

2.

Natürlich muß nun auch die Frage gestellt werden, welcher Art das Glücksgefühl ist und was es verursacht hat. Gründet es sich auf den Erwerb von Besitz, Reichtum und anderen äußeren Gütern? In diesem Fall ist das Glück ein flüchtiges und vergängliches, denn ihr Erwerb dieser Güter wird schnell seine Besonderheit einbüßen und als das Gewohnte empfunden werden. Dagegen ist ein Glücksgefühl, das seinen Grund in geistigen Erlebnissen hat, von ganz anderer Natur, denn es bleibt als sicherer Bestandteil in der Seele erhalten und wird dauerhaft Wirkung zeigen, sich also auch in der Erinnerung wiederholen und intensivieren, z.B. durch Erlebnisse der Kunst oder in der Natur, wie weiter oben schon erwähnt wurde.

Das Glücksgefühl ist offensichtlich ausschlaggebend für die Gesamtverfassung des Menschen. Es motiviert ihn dazu, aktiv am Leben teilzunehmen, Mut und Durchhaltevermögen zu entwickeln, die Welt in ihrer Klarheit zu erkennen und sich auch sozial zu engagieren. Die Teilhabe am Weltgeschehen und die Offenheit gegenüber dem Mitmenschen läßt ihn Selbstverantwortung als Selbstverständlichkeit erkennen. Dies sind Zusammenhänge, die weit in die Ethik hineinreichen, denn um den Mitmenschen zu Glück und Zufriedenheit verhelfen zu können, muß zuvor Glück erst selbst erfahren werden, um seine Bedeutsamkeit zu schätzen. Das heißt, *„dass*

---

133 Ebd.

niemand imstande ist, andere Menschen zu beglücken, der
nicht selbst in einem gewissen Mindestmaß glücklich ist."
Nur dann ist er aufgeschlossen für das Leben, für neue
Lebenserfahrungen und „für die Berührung mit anderen
Menschen", es ist letztlich der grundsätzliche Weg zu allen
Lebensbezügen und zur Gemeinschaft.[134] Das Glücksgefühl besitzt von daher einen kommunikativen und
sozialen Charakter, es will mitgeteilt und weitergegeben
werden. Auch Not und Sorge können Menschen zwar
zusammenführen, aber sie sind nur situative Gegebenheiten, nicht aber Stimmungen, sodass die Gemeinsamkeit
in der Regel nach Bewältigung der Schwierigkeiten wieder auseinanderbricht, weil das Gemeinschaftsgefühl sich
lediglich auf die Daseinsfürsorge bezieht, die „die Menschen nur in einer alleräußerlichsten Weise verbindet."[135]

Das ´Glücksgefühl´ ist keine euphorische und der
Realität enthobene Sentimentalität, sondern eine die
Persönlichkeit mitbestimmende innere Qualität, die
auf die zu verstehende Wirklichkeit des Lebens bezogen
ist. Insofern kann behauptet werden, dass das positive Gestimmtsein als ein „Erkenntnisse erschließendes
Organ" zu verstehen ist, insofern es nicht nur aufgrund
seines Gemeinschaftsgefühls, sondern darüberhinaus
aufgrund seiner Aufgeschlossenheit und Realitätsnähe
die Auffassungsmöglichkeiten und das Erschließen neuer Gehalte begünstigt. Denn weil der Mensch durch das
Empfinden von Glück ausgeglichen und wunschlos in
sich ruht, treten bestimmen Tugenden wie Besonnenheit,

134 Ebd., S. 101ff.
135 Ebd., S. 109.

Gelassenheit und Vernunft, aber auch die Bescheidenheit und der Wille zur Wahrheitsfindung dem Erkenntnis- und Verstehensakt hinzu und verhindern eine nur subjektive Schlußfolgerung.

Stimmungen unterliegen in gewisser Weise auch dem Willen, der dann wirksam wird, wenn sie hemmend auf eine Entscheidung Einfluß nehmen. Man kann Stimmungen zwar nicht willentlich hervorbringen, aber der Wille kann sie durch die Tugend der 'Selbstbeherrschung' (Aristoteles) regulieren und sich ihnen gegenüber behaupten. Obwohl Stimmungen das Fundament des menschlichen Lebens darstellen, wechseln sie immer wieder ihre Intensität aufgrund innerer oder äußerlicher Phänomene oder aufgrund der zeitlichen Begrenzung, die ihnen inhärent ist denn: *„grundsätzlich wird man den Wechsel der Stimmung in den meisten Fällen auf die abnehmende Formkraft der alten Stimmung zurückführen müssen."* Sie variieren auch, weil neue, extrem prägnante Ereignisse mit großer „Gewalt in das Leben einbrechen" können, die einen Wechsel hervorrufen.[136] Stimmungen sind also keine verläßliche Grundlage des menschlichen Lebens, sie ändern sich ständig und sind von vielerlei Einflüssen abhängig. Bedenklich wird diese Schlußfolgerung jedoch, wenn es um den Einfluß der Stimmungen auf die moralischen Grundhaltung geht, von dem zu erwarten und zu hoffen wäre, dass er im Bewußtsein ständig vorhanden ist.

Bollnow vertritt nun den Standpunkt, dass ein

---

136 Ebd., S. 137.

gefestigter Charakter die Fähigkeit besitze, *„in den verschiedenen Lebenslagen ein gleiches Wesen und ein gleichbleibendes Verhalten zu bewahren...die Stimmung meint ein Veränderliches, der Charakter ein Festes im menschlichen Leben... in dem wir die Treue zu unserem Wesen bewahren.*"[137] Der Charakter ist folglich eine durch eigene Kraft, durch eigene Erkenntnis und Überzeugung erworbene geistige Konstitution, die das Denken und Handeln immerwährend prägt. Daher bezeichnet der Charakter im eigentlichen Sinne diejenigen Aspekte des menschlichen Wesens, die der Sittlichkeit zugeordnet sind. Der charakterlich gefestigte Mensch wird daher sein freies Selbstsein und seine moralischen Prinzipien nicht aufgeben und gegenüber Widerwärtigkeiten standhaft bleiben. Beispielhaft für diese Haltung sind Menschen, die für ihre ethischen Ideale eintreten und ungeachtet eigener Nachteile ihren Vorstellungen treu bleiben. Um den negativen Einflüssen der Stimmungen Widerstand leisten zu können, ist „Haltung" erforderlich, eine Eigenschaft, *„in der sich der Mensch von innen her eine selbstgeprägte Form gibt... so verkörpert die Haltung diejenige der Freiheit, in der der Mensch sein eigenes Dasein verantwortlich in die Hand nimmt... Haltung ist innere Festigkeit"*, ist bezogen auf das sittliche Verhalten und setzt Selbstbewußtsein voraus.[138] Haltung bezeichnet mithin eine Stellungnahme zu den Gegebenheiten der Welt, die natürlich auch negative Formen annehmen können, die durch die Kraft des Charakters gleichwohl in Grenzen gehalten werden.

---

137 Ebd., S. 141.
138 Ebd., S. 155f.

Dagegen nennt Bollnow beispielsweise die 'unterwürfige' oder 'kriegerische' Haltung, die durch Gleichgültigkeit oder berechnendes Anpassungsverhalten entsteht und moralisch verwerflich ist. Grundsätzlich basiert die individuelle Haltung auf einer subjektiven Weltanschauung, aus der willentlich auch Entscheidungen über moralische bzw. unmoralische Handlungen entstehen.

3.

Die Einflüsse auf das Gestimmtsein sind vielfältig, wie die bisherigen Überlegungen zu zeigen versuchten. Es gibt aber noch ein weiteres Phänomen, das auf den ersten Blick mit der Gestimmtheit nicht sofort in Verbindung gebracht wird, jedoch bei genauerem Zusehen auf eine außerordentliche Wirkung schließen läßt. Es ist die Zeit bzw. die Zeitlichkeit und das aus ihr resultierende „Zeitbewußtsein". Was die Zeit „mit uns macht" und „was wir aus ihr machen", haben wir zuvor mit den Ausführungen des Philosophen Rüdiger Safranski kurz erörtert, doch nun geht es darum, die Zeit noch aus einer anderen Perspektive heraus zu betrachten. Auch Safranski bestätigt, dass die Zeit und der Umgang mit ihr den Menschen außerordentlich beeinflußt, Bollnow geht jedoch noch einen Schritt weiter, indem er das Zeitbewußtsein als "innere Zeitlichkeit" (entstanden aus Vergangenheitserfahrung und Zukunftserwartung) mit der „ursprünglichen Wesensverfassung" des Menschen in Verbindung bringt, wobei er teilweise auf Heideggers Analyse des Zeitverständnisses zurückgreift.

Es gibt verschiedene Formen des Zeitbewußtseins, die sich als außerordentlich wertvoll durch ihren Sinngehalt von dem alltäglichen und zwecksetzenden Leben abheben, z.B. „das Zeiterlebnis der glücklichen Stimmung."[139] Es steht im Gegensatz zu traurigen, bedrohlichen, entmutigenden Erlebnissen, die als quälend lang empfunden werden, und der Mensch ist bemüht, die Erinnerung an sie zu verdrängen, weil sie ihn belasten und ihm die Kraft rauben. Das Zeiterlebnis der glücklichen Stimmung dagegen motiviert ihn, ermutigt ihn, das Leben grundsätzlich von seiner positiven Seite zu betrachten. Der Mensch möchte die Zeit gleichsam anhalten, um dieses Erlebnis dauerhaft zu erfahren. Auf diese Weise erlebt er eine „tragende Zeit" in ruhiger Sicherheit und Ausgeglichenheit, die Safranski als „erfüllte Zeit" bezeichnet hat. So gesehen, hängt die Empfindung der Zeitdauer in besonderem Maße vom Inhalt des Erlebten und vom jeweiligen Gestimmtsein ab, das den Menschen einerseits in seiner Aktivität lähmt, ihm aber andererseits Kraft und Lebenswillen verleiht. Er wird sich der Außenwelt wieder zuwenden und entsprechend seiner Persönlichkeit und seines Charakters dazu beitragen, etwas seiner bedeutsamen und intensiven Erfahrungen weiterzugeben; er wird sein Leben besonnen und hoffnungsvoll gestalten, denn das durch das Glückserlebnis *veränderte Lebensgefühl setzt sich sogleich auch in die Tat um; der Mensch gewinnt eine neue Aktivität und Einsatzbereitschaft und wird darum auch wirklich ein anderer.*"[140] Das bedeutet,

139 Ebd., S. 170.
140 Ebd., S. 240.

dass „die fruchtbaren Augenblicke" oder wie Safranski sie bezeichnet, die „erfüllte Zeit" des Glückserlebnisses in das ganze Leben hineinwirken, sie sind *„sinnvolle Glieder im Ganzen des menschlichen Leben...und so handelt es sich in diesen Augenblicken des Glücks zugleich in einem tieferen Sinn um die Augenblicke einer neuen Konzeption, in denen dem Menschen eine neue Lebensaufgabe oder eine neue Sinngebung des Lebens aufgeht."*[141] Von diesen besonderen Augenblicken her *„gestaltet sich das Leben im ganzen."*[142]

---

141 Ebd., S. 252f.
142 Ebd., S. 255.

V.
Die Tugenden als Grundwerte des Lebens

Schon die Philosophen der Antike waren der Auffassung, dass moralisches Denken und Handeln nur aus der inneren Überzeugung des Menschen kommen könne. Auch in der Folgezeit wurde dieser Gedanke immer wieder aufgegriffen, So betonte Shaftesbury, dass das Sittliche in der Natur des Menschen begründet sei und Belohnung oder Strafen im besten Falle der Domestizierung des Menschen diene. Dagegen tritt die von ihm auf das Individuum gerichtete Ethik für ein harmonisches Verhältnis der ichbezogenen und der auf die Gemeinschaft bezogenen Veranlagungen ein, Gedanken, die einen großen Einfluß auf Winckelmann, Herder, Goethe und Schiller ausübten. Der englische Philosoph Henry Sidgewick sah in vergleichbarer Weise die Aufgabe der Philosophie darin, den Gegensatz von Altruismus und Egoismus zu überbrücken, um die moralische Weltordnung zu erhalten wie dies Kant und Fichte auch forderten.

1.

Die philosophischen Grundgedanken zur aristotelischen Ethik und zur Ethik Platons haben unsere Erörterung zu Anfang beschäftigt und zu O.F. Bollnow geführt, der versuchte, das vergangene, aber ethisch Bedeutende für unsere Zeit wieder aufleben zu lassen. Seine Analysen und Erkenntnisse unserer Gegenwart machen nicht nur auf den desolaten moralischen Zustand unserer Zeit aufmerksam, sie fordern zugleich eine Metanoesis durch Vernunft und Einsicht.

Tugenden bilden die Grundlage einer jeden funktionierenden Gesellschaft. Ohne sie zerbrächen Ordnung und Zusammenhalt und es herrschte Gewalt und Anarchie. Entwickelt haben sich Tugenden auf dem Hintergrund kultureller, traditioneller oder religiöser Einflüsse mit jeweils unterschiedlichen Schwerpunkten und differierenden Inhalten. Das macht es schwer, einen einheitlichen und kulturübergreifenden Tugendbegriff zu formulieren. Außerdem hat auch die Zeit einen Wandel der Tugenden verursacht, wie weiter oben schon erwähnt wurde. Die geistige Entwicklung, der technische Fortschritt, die Hinwendung zu anderen Staatsformen – z.B. von einer Diktatur zur Demokratie – sind Ursachen dafür, dass hinsichtlich der Tugenden in einigen Bereichen der Welt vor allem die ethischen und humanen Aspekte betont wurden und als staatliches Prinzip – Menschenrechte und Menschenwürde für alle menschlichen Wesen – Eingang in die Gesetze fanden. In anderen Teilen der Welt hingegen sind die dort praktizierten Tugenden, oder treffender: die Verhaltensanordnungen, aus verschiedenen Gründen seit Jahrhunderten unverändert in einem archaischen Zustand geblieben und entsprechen in keiner Weise den Grundsätzen einer zivilisierten, kultivierten und humanen Lebensweise. Aus der großen Differenz zwischen den zivilisierten Gesellschaften und den der Tradition Folgenden entstehen natürlich tiefgreifende Konflikte, die bisher nicht gelöst wurden. Sie belasten die Weltgemeinschaft und können auch mit der geforderten Toleranz nicht zu einem Konsens führen, denn es geht um die Substanz des Menschlichen schlechthin: das Leben in Würde und Freiheit. Diese Feststellung führt nun einerseits zu einem Blick auf die den Einzelnen betreffenden Tugenden, als auch auf die daraus folgenden Konsequenzen für Gesellschaft und Staat, denn nur im Zusammenwirken aller können die Grundbedingungen für ein Umdenken erfüllt werden.

Die folgenden Überlegungen über die Bedeutsamkeit der Tugenden und ihrer Inhalte können sich daher nur auf die moderne, zivilisierte Welt beziehen, doch auch in ihr offenbart sich immer deutlicher ein Verlust der Tugenden, die jedoch das Verhalten der Menschen regeln sollten, um das Mitmenschliche als Ziel eines zivilisierten Zusammenlebens realisierbar zu machen.

Es gibt einfache und unerläßliche Tugenden, die das Zusammenleben garantieren, weil sie auf die Eigenart und Rechte des Anderen bezogen sind und seinen berechtigten Anspruch auf Individualität respektieren. Dazu gehört – wie Bollnow mit Recht ausführt – auch die durch die „Güte des Herzens" als Ausdruck der inneren Verfaßtheit hervorgebrachte „Duldsamkeit gegenüber seinen Schwächen und Unvollkommenheiten."[143] Diese auf das „Gutsein" bezogene soziale Eigenschaft steht im Gegensatz zur eigenen Vorteilnahme, erwartet keine Gegenleistung und setzt vor allem auch eine gewisse geistige Reife und *Selbstbeherrschung* voraus, die auch Aristoteles als besondere Tugend sah. So ist *„die Güte immer der Ausdruck der Reife und Größe der menschlichen Seele und eine der höchsten Tugenden vollendeten Menschentums...Die Güte verbindet sich* (bei dem Gütigen, E.J.) *mit überlegender Weisheit. Insofern ist die Güte ein Grundbestandteil aller wirklichen Humanität."*[144]

Während die durchaus radikalen „hohen Ideale der Ethik" im Laufe der Zeit aufgrund ihrer Abhängigkeit von den jeweiligen staatlichen oder religiösen Gegebenheiten und ihrer Einseitigkeit wechseln oder ganz verschwinden, gibt es andere, einfach geartete Formen moralischen Handelns, die das Leben im ganzen umfassen und daher von Dauer sind: *„Diese einfachere Schicht wechselt nicht mit dem Formenwandel des hohen Ethos, sondern bleibt sich in diesem Wandel gleich...wie die Pflichterfüllung, die Ehrlichkeit und Zuverlässigkeit, die Anständigkeit des Verhaltens in allen Lebenslagen, das Mitleid und die Hilfsbereitschaft gegen den in Not geratenen Mitmenschen usw."* Es ist dies die 'elementare' oder natürliche, zeitübergreifende und sogar in gewissem Maße kulturell unabhängige Sittlichkeit, die sich explizit auf das Dasein

---

143 Bollnow: Einfache Sittlichkeit. Kleine philosophische Aufsätze. Göttingen 1947, S. 5f.
144 Ebd., S. 15; 17.

der Menschen bezieht.[145] Sie wird nicht aufoktroyiert wie die wirklichkeitsfremde Sollens- oder Pflichtethik, die der Mensch nicht aus Überzeugung und nicht mit der verlangten Unbedingtheit befolgen kann. Die elementare Sittlichkeit wird dagegen ausgeübt aus einer innewohnenden Empfindung der Menschlichkeit im Bewußtsein einem gleichgearteten Wesen einer Gemeinschaft gegenüberzustehen: *„So gibt die einfache Sittlichkeit eine solide Grundlage des sittlichen Lebens. Aber dennoch ist sie für sich allein nicht ausreichend, dieses in seiner Gesamtheit durchzuformen und bedarf daher ihrer Ergänzung im hohen Ethos.“*[146]

Viele weitere Tugenden sind, wie die Güte des Herzens, unmittelbar auf den Anderen bezogen und dienen dem harmonischen Miteinander und einer mitmenschlichen Nähe wie beispielsweise die Hilfsbereitschaft, das Vertrauen, das Mitleid, die Anständigkeit, Ehrlichkeit usw. Würden sie nicht beherzigt, so wäre eine erkaltete Atmosphäre und ein bloßes Nebeneinander die Folge. Andere Tugenden richten sich dagegen dezidiert an das Individuum selbst. Sie zielen auf die Veränderung der Persönlichkeit und des Charakters, um sie zu vervollkommnen und moralisches Verhalten zu garantieren. Zu diesen Tugenden gehören beispielsweise die *Selbstbeherrschung* und das *Maßhalten*, die schon Aristoteles als die wesentlichsten Kategorien seiner Ethik bezeichnete. Diese Tugenden sind so bedeutend, dass ihre Mißachtung weitreichende Folgen hat, denn ein Mensch, der seine Affekte

145 Ebd., S. 20.
146 Ebd., S. 26.

nicht kontrollieren kann oder will, wird auch das 'rechte Maß' seines Denkens und Handelns nicht beherzigen. Er wird andere verletzen und ihnen Schaden zufügen und seine Interessen rücksichtslos verteidigen und verwirklichen. Je höher sein Status und sein Einfluß in der Gesellschaft ist, desto größer ist auch das Unheil, das er verbreiten kann, wie zahlreiche Beispiele aus Vergangenheit und Gegenwart belegen. Die beiden genannten bedeutsamen Tugenden erzeugen schließlich auch eine unmittelbar mit ihnen verbundene Tugend: die *Selbstverantwortung*, die Handlungen einer kritischen Prüfung im Blick auf ihre moralische Vertretbarkeit unterzieht.

Ein weiterer wichtiger Tugendbegriff ist das *Pflichtbewußtsein*, das bei Kant ein zentraler und der Unbedingtheit verpflichteter Aspekt seiner Ethik ist, die aus diesem Grund der 'hohen Ethik' zugeordnet werden muß. Das Pflichtbewußtsein kennzeichnet einerseits die charakterliche Eigenschaft des Menschen, andererseits ist es stringent auf die Erfüllung einer bestimmten Aufgabe bezogen.

Bollnow fragt nun, ob die Pflichterfüllung auch zur elementaren Sittlichkeit gehört und so durch ihren Bezug zum alltäglichen Leben die „ursprüngliche Gestalt" des Pflichtgedankens erst verkörpert.[147] Er weist darauf hin, dass im alltäglichen Leben das Erfüllen einer Pflicht bedeute, die Ansprüche oder Rechte eines anderen zu befriedigen (z.B. die Elternpflicht gegenüber Kindern, die ein Recht auf Fürsorge haben). Das bedeutet, dass

147 Ebd., S. 30.

der Mensch immer dann eine Pflicht zu übernehmen hat, wenn er eine Tätigkeit oder Funktion in der Familie oder der Gemeinschaft annimmt. Die auf diese Weise freiwillig übernommenen Pflichten sind mithin auf einen bestimmten Inhalt fixiert und *„sind immer etwas ganz Positives: in bestimmten Lagen und in bestimmten Eigenschaften etwas Bestimmtes zu tun...Immer aber ist es so, dass diese Pflicht keineswegs eine allgemeinmenschliche Forderung darstellt, sondern erst aus der besonderen Stellung des Menschen als Vater, als Soldat, als Arzt usw. entspringt... das Wesen der Pflicht wurzelt ursprünglich im Boden der Sittlichkeit.“* [148]

So gesehen, ist die elementare Sittlichkeit ein Synonym für die *Selbstverständlichkeit* des zivilisierten und humanen Umgangs der Menschen miteinander. Zu diesen Selbstverständlichkeiten gehören u.a. Ehrlichkeit, Zuverlässigkeit, Höflichkeit, Friedfertigkeit, Dankbarkeit, Bescheidenheit, Tugenden, ohne die eine Gesellschaft nicht existenzfähig wäre. Dass der Sinn dieser Selbstverständlichkeiten jedoch in der Gesellschaft immer seltener erkannt wird, zeigt sich schon im verbalen Bereich durch Aggressivität und Feindseligkeit und auch physische Gewalt. Es gibt also reichlich Anlaß zu resignieren und die Vorstellung einer zivilisierten Welt als Illusion zu bezeichnen. Denn eine Änderung dieses Zustands wird wohl nur durch die Anstrengung eines jeden Einzelnen zu erreichen sein, indem er bereit wäre, selbstkritisch sein Verhalten zu betrachten und in den

---

148 Ebd., S. 34.

wesentlichen Tugenden wieder einen Sinn des Lebens zu erkennen, die Aristoteles in besonderer Klarheit und Prägnanz zum Ausdruck brachte, wie weiter oben schon ausgeführt wurde.

2.

Für Aristoteles ist das Maßhalten eine wichtige Tugend im Miteinander der Menschen, das den Standpunkt der Mitte zwischen Extremen bezeichnet. Es gilt als Korrektiv für alle Handlungen, Lebensbezüge und auch für die Sprache, denn sie hängt mit dem Denken eng zusammen und offenbart die Lebenseinstellungen, das Wertebewußtsein und die daraus folgenden Urteile über die Gegebenheiten und Anforderungen des Lebens. Die Wirkung des sprachlichen Ausdrucks ist vielfältig. Sie kann verbindend, ablehnend oder auch verletzend sein, Beziehungen anbahnen, erhalten oder durch Beleidigungen zerstören. Die Verrohung der Sprache, die in der Gegenwart immer deutlicher erkennbar wird, ist zugleich eine Verrohung des Denkens, ist Verrohung des Geistes. Denn indem die 'Mitte' als Grenze des Sagbaren überschritten ist, bleibt kein Raum mehr für sinnvolle Kommunikation. Und so erzeugt die Verrohung der Sprache letztlich Haß und Gewalt.

Das Maßhalten ist aber nur möglich, wenn die Selbstbeherrschung den Menschen leitet, denn sie ist das Korrektiv aller Entscheidungen. Es braucht zudem Selbstbewußtsein, um sich für einen Weg zu entscheiden, der dem zweifelhaften und unsozialen Credo des Zeitgeistes, jeder könne denken und tun, was er möchte, ganz deutlich widerspricht.

Es sind die selbstverständlichen elementaren Tugenden, die Sicherheit, Ordnung und Humanität einer Gesellschaft garantieren. Die 'hohen Tugenden' hingegen sind das Außergewöhnliche, das aber als Fundament der elementaren Tugenden gilt. Wenn ein tugendhafter Mensch einem anderen eine Wohltat erweist, so ist nicht nur diesem etwas Gutes widerfahren, sondern der Tugendhafte selbst erfährt etwas Gutes durch die empfundene innere Zufriedenheit über seine Tat.

Alle elementaren Tugenden sind auf *Empathie* angewiesen, denn diese erweist sich als empfindendes Teilnehmen am anderen Menschen, das Verstehen seiner Eigenart und seiner Bedürfnisse impliziert. Letztlich geht es dann um die Solidarität des Menschlichen und um entsprechendes Agieren. Doch die Empathie allein kann den Menschen nicht zu moralischem und humanem Handeln bewegen. Der Mensch benötigt Ideale, die er als konkrete leitende Vorbilder seines Lebens betrachtet. Ganz allgemein betrachtet, bezeichnen Ideale das Endziel eines wünschenswerten und vollkommenen Zustandes. Da es aber eine Vielzahl von Idealen gibt, besteht folglich auch die Gefahr, sie jeweils als einzige Wahrheit zu begreifen, sodass sie einen dogmatischen Charakter annehmen können. Das bedeutet also, die Wahl eines anderen Ideals zu akzeptieren, selbst wenn sie der eigenen Vorstellung zuwiderläuft. Ideale können erstrebt werden inbezug auf die Lebensumstände, auf die Wahl der Interessen, auf

Urteile über weltliche Gegebenheiten usw., aber sie beziehen sich auch auf Vorstellungen, die die Einstellung und das Verhalten der Menschen betreffen und sind daher auch Bestandteil des Ethischen: *„Der Mensch empfindet die Verwirklichung der Ideale als eine Steigerung und Erhöhung des Lebens"*, insofern das Ideal eine Verkörperung des Wahrhaften und Guten darstellt, das zu verwirklichen ist und von daher in den Bereich der Tugenden und zu den ihnen immanenten Werten gehört.[149]

Bezieht man das Ideal auf die gesamte innere Lebensverfassung eines Menschen, so attestiert man diesem Menschen einen vorbildhaften Charakter und die Fähigkeit, auf andere positiv einzuwirken. Werte werden dann zu ethischen Idealen, *„wenn der Mensch sie in sein eigenes Streben aufgenommen hat und er sein Leben an ihre Verwirklichung setzt."*[150] Ideale sind mithin als „unablösbarer Teil des Lebens selbst" zu sehen: *„Die Ideale sind schon in der einfachsten Struktur des Lebens als aufbauender Bestandteil enthalten. Und das bedeutet, dass das Leben in ihm selber schon notwendig ethisch ist."*

Das Ideal ist auf die Zukunft gerichtet, und ein Leben ohne Ideale wäre ziellos und verkümmerte, es wäre kein erfülltes Menschenleben: denn *„nur ausgefüllt von einer beherrschenden und vorwärtstreibenden Idee kann der Mensch im vollen Sinn er selbst sein."* Ein Leben mit Idealen ermöglicht erst ein „eigentliches, wirklich menschliches Dasein."[151]

---

149 Ebd., S. 64.
150 Ebd., S. 69.
151 Ebd., S. 72.

Weil Empathie und Ideale das Leben und Denken in ganz besonderer Weise bestimmen, ist nicht nur ihr Einfluß auf die Lebensgestaltung unübersehbar, sie manifestieren sich ebenso auch in dem moralischen Verhalten des Individuums, auf das noch kurz eingegangen werden muß. Dabei geht es zunächst um die selbstverständlichen „bürgerlichen Tugenden", die allerdings nicht jedem Bürger als Selbstverständlichkeit erscheinen. Doch sie sind maßgebend für ein geregeltes und selbständiges Dasein, für Ordnung, Zuverlässigkeit und Sicherheit als rationale Aspekte der Lebensbewältigung, aber auch für gegenseitiges Vertrauen und gelegentlich für freundschaftliche Kontakte. Bürgerliche Tugenden beginnen schon in jedem einzelnen Haushalt, und werden sie eingehalten, sind sie auch vorbildhaft für die Kinder (Bollnow nennt u.a. die Reinlichkeit, Pünktlichkeit, Sparsamkeit und den Fleiß).[152] Diese Tugenden haben eine anthropologische Funktion und sie sind Ausdruck der kulturellen Entwicklung, der vernunftgesteuerten Aktivität und Disziplin des Individuums. Auch diese selbstverständlichen Tugenden unterliegen dem Prinzip des aristotelischen Maßhaltens, um nicht als Selbstzweck zu erscheinen und das Leben übermäßig einzugrenzen. Das Maß der Mitte einzuhalten, verhindert beispielsweise, dass Sparsamkeit in Geiz oder Fleiß in unkontrollierte selbstzerstörerische Arbeitswut umschlägt.[153]

Während die bürgerlichen Tugenden der sinnvollen Daseinsbewältigung dienen und als selbstverständliche

---

152 Bollnow: Wesen und Wandel der Tugenden, ebd. S. 31ff.
153 Ebd., S. 35, 46ff.

Tugenden bei jedem Einzelnen zum Leben gehören sollten, gibt es Tugenden, die eine ganz andere Dimension haben, weil sie in den Bereich des Geistigen hineinreichen. Sie sind eine Fähigkeit des Bewußtseins und beziehen sich auf das Innere des Menschen. Bemerkenswert ist, dass sie seit der aristotelischen Ethik, die auf sie aufmerksam macht, ihre Bedeutsamkeit nicht verloren haben, dennoch aber nicht mehr die Beachtung finden, die ihnen gebührt. Bollnow will sie nun wieder in Erinnerung rufen und versucht, sie im Blick auf unsere Zeit wiederzubeleben, weil sie sich als wirksame Kraft gegenüber unserem mechanisierten und veräußerlichten Dasein darstellen und auch gegenüber dem zerstörerischen „Geist der Maßlosigkeit."[154]

Die Maßlosigkeit spiegelt sich auch wider in unserem auf Geschwindigkeit und wenig Stetigkeit ausgerichteten Zeitgeist, dem die Menschen zwar folgen, ohne jedoch ihre Wirkung auf Körper und Geist zu bedenken. Sie agieren und reagieren in Eile und unter dem Druck wirtschaftlicher und technologischer Gegebenheiten, ohne die Folgen ihres Handelns kritisch zu reflektieren. Tugenden, die ihre Eigenständigkeit stärken könnten, sind ihnen fremd geworden, obwohl sie dem Trend des gedankenlosen und übereilten Handelns Einhalt gebieten können: es sind die schon in der Antike zu den Kardinaltugenden zählenden Eigenschaften der Besonnenheit und Gelassenheit. Diese beiden Tugenden sind ohne die Selbstbeherrschung nicht erreichbar, denn sie beziehen

154 Ebd., S. 90.

sich auf spezifische charakterliche Eigenschaften, die wiederum mit dem Prinzip vom ´rechten Maß´ verbunden sind. Die Besonnenheit (sophrosyne) ist eine Tugend des rechten Maßes und meint das reflektierende Verhalten gegenüber dem Wahrgenommenen und ein ruhiges und bedächtiges Abwägen und Beurteilen seines Inhalts, um voreiliges und unüberlegtes Handeln zu verhindern: *„Nur die Besonnenheit greift tiefer, sie geht auf die Zielsetzung der Handlung als solche und bezeichnet darüber hinaus die Verfassung der Seele im ganzen, aus der sie allererst zu handeln beginnt."*[155]

Die Gelassenheit – eine innere Disziplin der Gefaßtheit – ist ähnlich geartet: sie begegnet Ereignissen mit Ruhe und Distanz und gibt dem Denken Zeit, Entscheidungen nach reiflicher Überlegung zu fällen. Beide Tugenden erscheinen so als Garanten zur Vermeidung von unnötigen Konflikten und Aggressionen, denn sie lassen der Vernunft Zeit, um Lösungen zu erzielen. Beide Tugenden hängen eng mit der Vernunft und der Vorstellung vom ´rechten Maß´ zusammen, und sie machen es möglich, durch distanziertes Abwägen des Wahrgenommen ein Gleichgewicht (das rechte Maß) zwischen Extremen herzustellen.

3.

In diesem Zusammenhang verdient noch eine weitere verlorengegangene Tugend besondere Beachtung, obwohl sie auf den ersten Blick von geringer Bedeutung

155   Ebd., S. 95, 115ff.

zu sein scheint. Es ist die Bescheidenheit, die megalopsychia, die bei Aristoteles als Tugend des rechten Maßes galt und der Besonnenheit nahesteht. Bollnow beschreibt sie folgendermaßen: *„Die Forderung der Bescheidenheit verlangt vom Menschen, dass er nicht vermessen über sich selbst hinausgreifen soll, dass er nicht zuviel verlangen soll, weder von sich selbst noch vom Schicksal, sondern dass er sich mit dem 'bescheiden' soll, was ihm gegeben ist. Bescheidenheit bezeichnet hier also das rechte Verhältnis zu den Lebenserwartungen, und zwar sowohl gegenüber den eigenen Kräften wie in den Ansprüchen an die Umwelt.“*[156]

Der Verlust der Bescheidenheit ist indes ein prägnantes Zeichen unserer Zeit und wirkt über das sich steigernde überzogene Anspruchsdenken hinaus auf die gesellschaftliche Situation und den Zusammenhalt der Gemeinschaft in besonderer Weise ein. Darüber hinaus zeigt sich mangelnde Bescheidenheit sehr deutlich inbezug auf das Selbst und sein daraus resultierendes Verhalten. Fehlende Selbstkritik, Selbstüberschätzung und Überheblichkeit führen zu Mißachtung anderer und ihrer Rechte, zu Intoleranz nicht nur durch eine unangemessene Sprache, sondern durchaus auch zu gewalttätigen Auseinandersetzungen. Diese Selbstüberschätzung und ihre Folgen lassen sich einerseits auf Minderwertigkeitsgefühle zurückführen, andererseits aber auf Neid und Mißgunst aus dem Gefühl einer Benachteiligung heraus.

Eine solche Einstellung offenbart nicht nur ihre

---

156 Ebd., S. 128.

negative und zersetzende Wirkung auf den Zusammenhalt der Gesellschaft, sie wirkt auch auf den Menschen selbst zurück, der sein Leben und seine Zukunft selbst durch diese Haltung und eine verzerrte Sicht auf die Realität schädigt, aber anderen die Schuld daran zuweist. Denn sie wird seinen Willen und seine Antriebskraft lähmen, selbsttätig ein zufriedenstellendes Leben zu führen, das er durch eigenen Einsatz erreichen kann, weil sein Blick ständig auf die als ungerecht empfundenen Defizite seines Daseins gerichtet ist. Durch diese Haltung verstößt der Mensch gegen die Tugenden der Wahrhaftigkeit und Gerechtigkeit, die zu den 'hohen Tugenden' gehören, denn sie sind unabdingbar und unabhängig von allem Wechsel sittlicher Wertungen. Die Wahrhaftigkeit ist Ausdruck einer inneren Überzeugung, die sich auf moralische Prinzipien stützt: „sie lebt in der Beziehung des Menschen zu sich selbst" und ist ein Indiz für Zuverlässigkeit, Ehrlichkeit und Verantwortungsbewußtsein.[157] Die Gerechtigkeit gilt seit der Antike als höchste Tugend und sie bezieht sich auf ein ausgeglichenes und vernünftiges Verhältnis der Menschen miteinander, das durch eine objektive Rechtsprechung der Obrigkeit gesichert werden soll. Das Verständnis von Gerechtigkeit hängt jedoch entscheidend von der Staatsform ab; es differiert z.B. extrem zwischen demokratischen und autoritären Staaten, deren Begriff von Gerechtigkeit faktisch gegen die Menschrechtskonvention und gegen die Menschenwürde verstößt. Gleichwohl kann auch im

---

157 Ebd., S. 139.

privaten Bereich kaum über einen Konsens hinsichtlich des Begriffs der Gerechtigkeit gesprochen werden, denn subjektive Bestimmungen lassen vielfältige Definitionen zu, die immer auf die je eigenen Lebensverhältnisse bezogen werden.

Doch Gerechtigkeit zielt auf das Gute und Vernünftige, wenn man ihr ein ethisches Fundament attestiert. Und so bedeutet *„die Forderung der Gerechtigkeit immer wieder die Erhebung des Menschen über seine subjektive Befangenheit zu einer Offenheit für das Eigenwesen der anderen."* Denn: *„Wie der Richter außerhalb des Gegensatzes der streitenden Parteien steht, so gehört zu dem allgemeinen Ethos, das die Gerechtigkeit schätzt, immer ein entsprechender Geist der Objektivität, eine gewisse Affinität zum Geist der Vernunft und ein entsprechender Abstand zur Unmittelbarkeit des Lebens...*"[158]

Wie der Mensch sein Leben gestaltet, welche Ziele ihn leiten und auch, welche Werte ihn erfüllen, hängt wesentlich mit seinem Inneren, seinem seelischen Leben zusammen. Sein Bewußtsein und das mit ihm verbundene Selbstbewußtsein sind das Zentrum des Selbst, aus dem sich die Tragweite allen Handelns erkennen läßt: *„Etwas mit Bewußtsein zu tun bedeutet: die Berechtigung dieser Handlungsweise in Frage gestellt und sich dann ausdrücklich zu ihr entschieden zu haben. Mit dieser Entscheidung übernimmt man die volle Verantwortung."* Die Bewußtheit eines Tuns bedeutet also, *„ein volles Maß des Selbstseins in diesem Verhalten, des Selbstseins im Sinne*

---

158 Ebd., S. 199.

der sittlichen Verantwortung."[159] Das Bewußtsein ist auf diesem Hintergrund die Art und Weise, die den Menschen dazu befähigt, in freier Entscheidung zu handeln und damit die Verantwortung für sein Handeln zu übernehmen.

Das Selbstbewußtsein (sich seines Selbsts als Individuum bewußt sein) gehört wie das Bewußtsein notwendig zum Wesen des Menschen. Allerdings ist es ein ambivalentes Phänomen, wie bereits weiter oben ausgeführt wurde. Es kann einerseits durch das Gefühl des eigenen Wertes eine gewisse Ruhe und Sicherheit vermitteln, andererseits aber auch als übersteigertes, maßloses Selbstwertgefühl negative, unsoziale Züge annehmen, wenn der Ehrgeiz und die Ansprüche größer sind als die eigenen Fähigkeiten und die eigenen Anstrengungen. Das Selbstbewußtsein dagegen ist dann eine positive Eigenschaft, wenn es dem Menschen eine innere Festigkeit verleiht, um verantwortliches Handeln bewußt auch Widerständen gegenüber durchzusetzen. Das bedeutet, eine Position zu beziehen, die sich auch gegen den Trend der Zeit richtet, der offensichtlich nicht vereinbar mit einem zivilisierten Verhalten ist, z.B. inbezug auf die Sprache, die Interessen, die Umgangsformen bis hin zur Kleidung. Man nimmt dabei bewußt in Kauf, eine Außenseiterrolle einzunehmen und auf Unverständnis derjenigen zu stoßen, die sich den Beeinflussungen und Manipulationen der Massengesellschaft bereitwillig ergeben und geradezu einem Gruppenzwang erliegen. Ein selbstbewußtes und reflek-

---

159 Bollnow: Einfache Sittlichkeit, ebd.., S. 125.

tiertes Verhalten des Menschen ist aber vor allem dann unerläßlich, wenn es um die Sicherung und den Erhalt aufgeklärten Denkens und der Existenz eines demokratischen Staates geht, der immer wieder und immer intensiver von populistischen und antidemokratischen Tendenzen bedroht wird, wie weltweit festzustellen ist. Auch hier ist der Einzelne gefordert, sich zu widersetzen und einen Rückfall in menschenfeindliche Entwicklungen zu verhindern, denn: *„Mit vollem Bewußtsein handelt der Mensch, wenn er selber die Verantwortung für sein Tun übernimmt. Trübung des Bewußtseins ist Minderung der Verantwortlichkeit...Dieser Durchbruch zum Bewußtsein geschieht vor allem im Denken."*[160]

Die vorausgegangenen Überlegungen versuchten zu zeigen, dass Tugenden unerläßlich für den Zusammenhalt einer Gemeinschaft sind und dass sie den jeweiligen Lebensumständen angeglichen werden, sich also aufgrund neuer Erkenntnisse verändern. Ferner wurde hervorgehoben, dass auch gewisse alte Tugenden ihre Bedeutsamkeit nicht verloren haben, weil sie das Allgemeinmenschliche zeitübergreifend betreffen. Weiterhin konnte die Auseinandersetzung mit Bollnows anthropologischer Analyse des menschlichen Wesens bestätigen, dass tugendhaftes Verhalten eine Angelegenheit des menschlichen Bewußtseins ist, das moralisches Handeln aus innerer Überzeugung erst möglich macht. Denn Tugenden können nicht - wie dies in Autokratien geschieht, durch religiöse Fanatiker oder reaktionäre

---

160 O.F. Bollnow: Studien zur Hermeneutik. Bd. II. Freiburg/München 1983, S. 246.

Extremisten einfach verordnet werden, weil das wahrhaft Tugendhafte eine freie Entscheidung des Individuums voraussetzt. Tugenden, die der reflektierende Mensch bewußt einsetzt, können also viel bewegen und werden uns weiter beschäftigen, wenn es im nächsten Kapitel um Erziehung und frühe Tugendbildung geht, denn je früher der Mensch der Tugend begegnet und ihren Sinn erkennt, um so sicherer ist zu erwarten, dass er sich einer tugendhaften Lebensgestaltung verpflichtet fühlt.

Vierter Teil

Erfahrung und Tugendbildung

Schon in der Antike nahm die Bildung einen bedeutenden Raum im Werdegang eines jeden Bürgers ein, allerdings ist eines nicht zu verhehlen: Bildung war nur den Privilegierten vorbehalten, ein Zustand, den wir heute angeblich überwunden haben. Aber es galt grundsätzlich als tugendhaftes Verhalten, Bildung mit allem Einsatz zu erstreben, um sein Leben als eigenverantwortlicher Bürger gestalten zu können und das Funktionieren des Staates zu garantieren.

I.
Bildung und Persönlichkeitsentfaltung

Die Zeit der Erziehung ist eine nicht zu unterschätzende Phase im Leben des Menschen, die seiner Entfaltung zum mündigen Bürger dient. Sie hat die Aufgabe, den jungen Menschen Wissen zu vermitteln, vorhandene Fähigkeiten zu entfalten und ihn so auf ein selbständiges Leben vorzubereiten. Bildung und Ausbildung sind gleichwohl zwei unterschiedliche Aspekte der Erziehung, die von verschiedenen Zielsetzungen und Ansprüchen ausgehen, um den vorhandenen Fähigkeiten und Voraussetzungen des Educandus entsprechen zu können, wie noch genauer ausgeführt werden muß.

1.

Nicht nur die Wissensvermittlung oder das Erlernen eines Berufs sind Teil der Erziehung, sondern auch die Vermittlung und Einübung von die Persönlichkeit formenden Verhaltensweisen gehört zum Bildungs- und Erziehungskanon, wenn es darum geht, Leistungsbereitschaft, Zuverlässigkeit, Verantwortungsbewußtsein, Empathie, Respekt und vieles mehr an Verhaltensweisen des mitmenschlichen Bereichs bewußt zu machen. Das bedeutet also, die Erziehung und Entfaltung der Persönlichkeit und die Herzensbildung stellen einen ebenso wichtigen Teil der kindlichen Erziehung dar wie die allgemeine Wissensvermittlung oder das Erlernen praktischer Fähigkeiten. Auch dieser Bereich der Erziehung dient nicht allein der individuellen Entwicklung des Educandus und seinem Erfolg im Leben, sondern ist auch Grundlage einer funktionierenden Gesellschaft, die auf mündige, leistungsbereite und kritikfähige Bürger angewiesen ist, die den Staat verantwortungsbewußt stützen und für Stabilität des demokratischen Systems sorgen.

Nun ist es keineswegs die alleinige Aufgabe der Erziehungsinstitutionen, die Heranwachsenden mit einem zivilisierten und verantwortungsbewußten Verhalten vertraut zu machen. Schon im Elternhaus besteht die Pflicht, die eigenen Kinder auf dieses Ziel hin zu erziehen, und zwar zunächst durch ein elterliches Verhalten, das Vorbildcharakter besitzt, denn die *Gewöhnung* an bestimmte, sinnvolle Umgangsformen ist psychologisch betrachtet ein wesentlicher Faktor, um auch das eigene Verhalten kontrollieren zu lernen. Dabei ist unabdingbar, auch Regeln und Grenzen zu benennen, um den Drang nach Ausleben der eigenen Interessen auf ein vernünftiges Maß zu beschränken, wie dies schon Aristoteles anregte.

Die soeben genannten Aspekte sind indes keine bahnbrechenden, neuen Erkenntnisse, denn sie sind bereits Grundlage der modernen, kindgerechten Erziehung, aber sie scheinen in der Realität an Gewicht verloren zu haben, wenn man die schulischen und allgemein gesellschaftlichen Probleme einmal genauer analysiert.

In den zivilisierten Ländern besteht im Gegensatz zu den meisten Diktaturen oder fundamentalistisch-archaischen Staatsgebilden, in denen Diskriminierung und aufgrund von Geschlechter-Differenzierung Unterdrückung, Mißhandlung und Ausschluß von Bildung herrscht, ein Recht auf Bildung, was grundsätzlich jedem die Möglichkeit bietet, sein Leben zu planen und zu gestalten. Doch die Bildung, ein Wert an sich, ist für viele Menschen augenscheinlich nicht mehr Teil ihres Lebenszieles, das sich nicht selten im Belanglosen und Oberflächlichen erschöpft, während das Privileg, durch Bildung ein unabhängiges und selbstbestimmtes Leben zu führen, nicht wahrgenommen wird. Eine Pflicht zur Bildung oder Ausbildung ist jedoch bislang nicht in Erwägung gezogen worden, obwohl diese die Chancengleichheit der jungen Menschen wesentlich fördern könnte, die gegenwärtig nicht hinreichend Einsatz, Leistungsbereitschaft, Interesse und Freude an Fortbildung zu zeigen scheinen, wie die Abbrecherquoten in allen Schulformen belegen.

Natürlich sind die Startbedingungen keineswegs für alle Kinder gleich, was die Pädagogik selbstverständlich in ihren Zielsetzungen und Strategien zu bedenken hat. Schüler aus bildungsfernen oder zerrütteten Familien benötigen ungleich mehr Zuwendung und Unterstützung als Kinder aus an Bildung interessierten Familien. Kritisch anzumerken ist jedoch auch, dass das Sozialsystem vieler demokratischer Länder durch falsch eingesetzte finanzielle Unterstützung Eigenverantwortung und Leistungsbereitschaft geradezu verhindert, sodass Angebote zu Bildung und Ausbildung kaum angenommen werden. Dass Arbeit durchaus Freude machen kann und das Selbstwertgefühl zu steigern in der Lage ist, wird auf diesem Hintergrund nicht erkannt, und das Interesse der Bildungsunwilligen verlagert sich dementsprechend auf belanglose Vergnügen, Langeweile und das Totschlagen der Zeit.

Wie die Forschung inzwischen verlauten läßt, führt diese Entwicklung inzwischen sogar dazu, dass eine bedenklich große Zahl Jugendlicher psychische Probleme aufweist, die auf die Zeit der Corona-Pandemie, auf die aktuelle Weltlage, auf Zukunftsängste, aber auch auf die unbegrenzte Nutzung der digitalen Medien und die für Jugendliche teilweise gefährlichen Inhalte zurückgeführt wird. Als Resultat dieser Probleme wird ferner auf ein inzwischen weitverbreitetes Phänomen gewiesen, die *Einsamkeit* (vgl. auch das 2. Kapitel), welches gleichwohl in allen Altersgruppen erscheint. Diesen Menschen fehle daher der Antrieb, sich zu engagieren, sinnvolle Tätigkeiten zu vollbringen und eine gewisse Zufriedenheit zu erreichen, die ihre seelische Stabilität und ihre Persönlichkeitsentfaltung fördern könnte. Im Blick auf diese Problematik kommt der Bildung eine eminent wichtige Rolle zu, wenn es um das Intensivieren und die Ausformung von Interessen und die für das Leben bedeutenden Sinngehalte geht. Von daher wird sowohl ein größeres gesamtgesellschaftliches Engagement gefordert als auch umfangreiche pädagogische Unterstützung.

2.

Betrachtet man die schulischen Inhalte einmal genauer, so fällt auf, dass im Zuge des technischen Fortschritts und des Einflusses der Wirtschaft auf die Gesellschaft der Unterricht kultureller Inhalte eingeschränkt wird, während vor allem die Ausbildung der neuen Technologien gefördert wird, obwohl kritische Stimmen inzwischen verlauten lassen, dass ihr Einfluß auf die Jugendlichen auch deutliche negative Folgen haben kann, wenn sie aufgrund eines Suchtverhaltens und durch Realitätsverlust von ihnen abhängig werden und sich von moralisch gefährlichen Einflüssen beeindrucken lassen. Aufgrund der Anonymität der „sozialen Medien" kann jeder Nutzer sich äußern, was dazu führt, dass Toleranz, Respekt, soziale Verantwortung bzw. soziales Verhalten mißachtet werden, die gleichwohl Grundlage einer freien und demokratischen Gesellschaft sind. Populismus, Haß und Intoleranz, die sich ungehemmt und unkontrolliert ausbreiten, zerstören dagegen den Zusammenhalt und das Gemeinwohl der Gesellschaft und fördern Extremismus und den Zerfall von Recht und Ordnung. Der Einzelne wird zum Mitläufer, der kritiklos den Verlockungen und gesteuerten Falschmeldungen der Medienwelt ausgeliefert ist. Dass diese Entwicklung nicht zuletzt auch den einflußreichen und machtorientierten Medienmogulen anzulasten ist, muß nicht eigens erwähnt werden.[161]

161 Vgl. zum wachsenden Einfluß der digitalen Welt auch O. Schlaudt, der von einem „Technozän" spricht, um damit die totale Abhängigkeit

Wie dieser Tendenz entgegenzusteuern ist, beschäftigt nicht nur die Wissenschaft, die Politik und Pädagogik, sondern auch sozial Engagierte. So wird der Ruf nach umfassender Bildung und der Medienkontrolle immer lauter. Doch wie kann Bildung dem entgegenwirken und welche Mittel stehen ihr überhaupt zur Verfügung? Was versteht man unter 'Bildung' und was kann von ihr erwartet werden? Und: besaßen nicht die Führer nationalistischer, stalinistischer oder anderer menschenverachtender Systeme durchaus Bildung? Hat es sie davon abzuhalten, nach *Macht* zu streben, zu morden, zu foltern usw.? Dieser Einwand zwingt dazu, Bildung nicht allein als ein Vermögen zu betrachten, das über großes Wissen verfügt, sondern vielmehr als eine Fähigkeit, die das allgemein Menschliche als besonderen Wert zum Inhalt hat. Zweifellos ist die Vermittlung von kulturellem, bzw. historischem Wissen unabdingbar, denn es schützt bei gesicherter Kenntnis des Sachverhalts und kritischer Betrachtung vor manipulativer Beeinflussung, die es darauf anlegt, Unwissende durch bewußte Fehlinformation zu steuern, wie es gegenwärtig weltweit geschieht. Der Erwerb von Wissen ist mithin die Grundlage kritischen und eigenständigen Denkens. Aber es geht darüber hinaus um die Herzensbildung, um Empathie, Toleranzbereitschaft, auch um Bescheidenheit oder Besonnenheit, Tugenden, die wir zuvor schon ausführlich in den Blick gerückt haben.

des Menschen von der Technik zu beschreiben, weil sie den Menschen in Zukunft bis in die Privatsphäre hinein beherrschen wird (Frankfurt/M. 2022.

Angesichts der menschenverachtenden Taten, zu denen Menschen fähig sind, erhebt sich mit Recht auch die Frage, ob es möglicherweise in der Natur des Menschen liegt, Macht und alle ihre Folgen als unabwendbar zu betrachten und das wahrhaft Humane zu ignorieren. Verfügt der Mensch über eine seinem Wesen innewohnende „Niedertracht", die der Philosoph und Anthropologe Helmuth Plessner im Blick auf das Prinzip der Erbsünde im Christentum angeführt hat? In zahlreichen Schriften zu dieser Problematik hat er sich zur Natur des Menschen geäußert und schreibt hierzu:

„Das Christentum erkennt dieses herabziehende Moment in der Erbsünde, in der eigenartigen Dauertendenz des Menschen zum jeweils Niederen, in der seinem Wesen innewohnenden Niedertracht. Eben diese Deklination von der Normallage seiner Natur ist daran schuld, dass man den Effekten des freien Willens eine größere Wahrscheinlichkeit zum Wertfeindlichen und Wertschwächeren zuerkennen muß... Selbst wenn diese unleugbare Niedertracht, der Geist der Schwere nicht unüberwindlich wäre, darf der Mensch sich nicht radikal als Individualität, als Seele aufgeben..." [162]

Was das Problem der Macht angeht, so hat Plessner dazu recht eindeutig Stellung genommen und die Funktion des „Willens zur Macht" und seine Ambiguität folgendermaßen beschrieben:

Es zeigt sich, *„wie falsch es ist, den Willen zur Macht, den Trieb nach Geltung und Gewalt als etwas schlechthin*

---

162 Plessner, H.: Grenzen der Gemeinschaft. In: Gesammelte Schriften, Bd. V, Frankfurt/M. 1981, S. 127f.

Verwerfliches oder Minderwertiges, unserer tierischen Natur Entstammendes anzusehen. Der Dualismus, dem die Einheit der menschlichen Person verloren geht, führt in der Ethik stets zur Machtverneinung und damit zur Degradierung der Politik, zur Verdrängung des Zivilisationstriebes, der Werte der Künstlichkeit. Wir haben keinen Anlaß, dem Willen zur Macht, dem Drang des Lebens nach Überfluß, nach Luxus der Bewegungsmöglichkeiten, nach Spiel und Gefahr zu mißtrauen. Sie sind als Triebformen, als dynamische Strukturen wertindifferent, aber den Pflichten, welche der Geist im Hinblick auf die seelische Individuation formuliert, konkordant."[163]

Dass Plessner mit diesen Gedanken keineswegs einem unkontrollierten Machtstreben das Wort redet, ist seinen folgenden Ausführungen zu entnehmen, wenn es heißt, *„die Einstimmigkeit zwischen Geist und Leben ist nicht ein Freibrief der Raserei, sondern die Bürgschaft der menschlichen Würde, die nur durch Maßlosigkeit zerstört werden kann... Maß und Begrenzung ist das Höchste für menschliches Streben,"* was bedeutet, dass zum *„Wirken Grenzen gehören."*[164]

Diese Überlegungen führen den Philosophen zu einer grundsätzlichen Feststellung, die sich auf das soziale Miteinander im allgemeinen bezieht, wenn es heißt: *„Utopien können wohl helfen, die Herrschaft über die Natur auszudehnen. Aber zum sozialen Frieden im Reich einer die ganze Erde umspannenden Gemeinschaft führt*

---

163 Ebd., S. 130f.
164 Vgl. auch Jain, E.: Der Mensch. Ein mißlungenes Objekt der Schöpfung? Norderstedt 2018

weder äußere Technik noch innere Ethik, sondern einzig eine Veränderung der menschlichen Natur selbst..."[165]

Aufgrund seiner Analyse der menschlichen Verhaltensweisen fordert Plessner eine Veränderung der menschlichen Natur. Was könnte diese Veränderung auslösen und wie würde sie sich auswirken?

Beziehen wir diese Forderung einmal auf unsere Gegenwart, so ist zu konstatieren, dass die Vorstellung einer Veränderung der menschlichen Natur utopisch erscheint, denn sie müßte aus Einsicht, Überzeugung und freiem Willen erfolgen, was kaum zu erwarten ist. Sie ist folglich eine Illusion, die den Verfall der Moral, das Unverständnis demokratischer Werte und die Mißachtung der Humanität außer acht läßt, weil dem eigenen Interesse in der Regel der Vorrang eingeräumt wird. Das bedeutet, eine Veränderung der Natur der Weltbevölkerung wird kaum durch unmittelbare Einsicht der gegenwärtig Herrschenden zu erreichen sein, es sei denn, dass diese Veränderung durch massive äußere Einflüsse (Klimakatastrophen, Kriege usw.) aufgrund eines unbändigen Überlebenswillens eine Veränderung als letzte Lösung zwingend notwendig macht.

Dagegen scheint eine Veränderung der menschlichen Natur durch eine entsprechende Erziehung der nachfolgenden Generationen durchaus im Bereich des Möglichen zu liegen. Auf die Ziele und Mittel einer solchen Erziehung soll im folgenden mit einigen Beispielen

---

165 Ebd., S. 131 In einer umfangreichen Abhandlung geht Plessner vor allem im Blick auf die Politik 1931 ausführlich auf das Wesen des Menschen ein (Macht und menschliche Natur). Ges. Schriften Bd. V, ebd.

eingegangen werden, die sich insbesondere auf die seelische Entfaltung des Menschen beziehen.

II.
Persönlichkeit und Tugend

Im Blick auf die Bedeutung der Tugenden interessiert uns in den nächsten Abschnitten vor allem die Erziehung zur Persönlichkeit, die letztlich auch für den Erfolg im Leben – einem gelingenden und zufriedenstellenden Leben – verantwortlich ist. Dass die Tugenden dabei eine nicht zu unterschätzende Rolle spielen, läßt sich bereits ansatzweise aus dem Vorangegangenen entnehmen, aber es gilt nun nicht nur zu fragen, wie sich tugendhaftes Verhalten auf Persönlichkeit und Lebenserfolg auswirkt, sondern auch, ob und wie tugendhaftes Verhalten vermittelt und erlernt werden kann. Dabei wird auch die moderne Lebensweise eine Rolle spielen, die nicht zuletzt durch den technischen Fortschritt, aber auch durch das individuelle Anspruchsverhalten eine große Veränderung erfahren hat, die das seelische Gleichgewicht der Menschen maßgeblich beeinflußt.

1.

Die moderne Welt ist ein durchaus zwiespältiger Ort, der durch seine nahezu unbegrenzten Möglichkeiten keineswegs nur Vorteile für die Entfaltung des Menschen bietet, denn diese Welt hat sich zu einem Ort der Äußerlichkeiten entwickelt, an dem der Konsum, das Vergnügen und die Befriedigung aller Wünsche das Leben bestimmen. Die geistige Welt und die Spiritualität hingegen finden darin kaum mehr Platz, denn die ausschließliche Beschäftigung mit den alltäglichen und bloß äußerlichen Dingen des Lebens verstellt den Blick auf Werte und den Sinn des Lebens.

Dass die Erziehung zu moralischem Verhalten schon im Kindesalter einzusetzen hat, wurde bereits erwähnt. Bis die Einsicht in Sinn und Wert von Tugenden sich jedoch im Bewußtsein verfestigt hat und das eigene Verhalten bestimmt, bedarf es viel Zeit und verschiedener Weisen erzieherischen Einwirkens. Dabei spielen *Vorbilder* eine eminent wichtige Rolle, indem sie das Kind durch *Gewöhnung* an bestimmte sinnvolle Verhaltensweisen zu eigenem sinnvollen Verhalten veranlassen. Auf diese Weise kann es z.B. lernen, spontane und unüberlegte Reaktionen zu kontrollieren, sich zurückzunehmen und Regeln und Grenzen zu respektieren. Das bedeutet jedoch nicht, die freie Entfaltung des Kindes einzuschränken, wie gegenwärtig kritisch eingewendet wird, sondern vielmehr eine erste Erfahrung mit den Möglichkeiten und Grenzen der eigenen Freiheit zu machen. Im Kern geht es also um bedeutende tradierte Tugendbegriffe, die *Besonnenheit* und die *Gelassenheit*, zu denen sich Heidemarie Bennent-Vahle in ihrer Abhandlung im Rekurs auf Seneca folgendermaßen äußert: *„Wenn man also von Besonnenheit als 'Tugend' spricht, dann meint man nicht einfach nur, dass die jeweilige Person sich besinnt, d. h. sich* *eine Angelegenheit gründlich überlegt, sich mithin selbstreflektiert verhält, ganz unabhängig davon, welche Zwecke sie verfolgt. Von einer 'Tugend' ist dann die Rede, wenn dieses sich besinnende Nachdenken auf das 'Gute' gerichtet ist, d. h. wenn die Überlegung und das Agieren auch am Wohl anderer Menschen bzw. am Gemeinwohl interessiert sind."*[166]

Den antiken Lehren zur Ethik folgend, plädiert auch Bennent-Vahle nun mit psychologischen Begründungen für eine frühe Tugendbildung. Dabei geht es primär um die pädagogische Einflußnahme auf die sich entwickelnde Persönlichkeit hinsichtlich der „grundlegenden Fähigkeit zur Selbststeuerung" und einem anschließenden Konzept zur „emotionalen Selbstkontrolle", um zu lernen, unkontrollierte Affekte verhindern zu können: *„Dieses elementare Vermögen kann als zentrales Merkmal einer ausgewogenen Persönlichkeit gelten. Fehlt es oder ist es nur rudimentär vorhanden – was offensichtlich immer häufiger vorkommt – ist von einem bedenklichen, manchmal sogar pathologischen Strukturmangel auszugehen, durch den auch das Wohlergehen der Betroffenen selbst maßgeblich beeinträchtigt ist."*[167]

In der frühkindlichen Tugendbildung geht es um das praktische Erlernen moralischen Verhaltens, das der Erziehende durch seine eigene Lebensführung und durch Beispiele sinnvollen Verhaltens vorzuleben hat. Die Tugendbildung wird mithin erfolgreich verlaufen,

---

166 Bennent-Vahle, H.: Gelassen bleiben – vor allem, wenn der Druck zunimmt. Baden-Baden 2024, S. 25.

167 Ebd., S. 29f.

wenn das Kind durch ein entsprechendes kontrolliertes Verhalten des Erziehenden gefördert und stimuliert wird. Während diese Weise der Erziehung auf Einsicht und Gewöhnung ausgerichtet ist, erreicht der Erziehende mit bloßem Maßregeln und Anordnungen keine innere Hinwendung zu wünschenswerten Verhaltensweisen, sondern möglicherweise das Gegenteil.

2.

O.F. Bollnow spricht in diesem Zusammenhang im Rekurs auf Eduard Spranger von der *Innenwelterweckung*, die als Weg zur 'Menschwerdung' erforderlich sei. Er verweist dabei auf Sokrates und die von ihm geprägte Bezeichnung des „Ans-Licht-Hebens", welches mehr ist als *„Entwicklungshilfe: Es ist ein Öffnen für geistige Gehalte, durch die der Mensch erst seine eigentliche Bestimmung als Mensch 'ergreift"*.[168] Der junge Mensch (bzw. seine in ihm schlummernden Kräfte) wird demzufolge aus einem Zustand der Unwissenheit bzw. des Unbewußten in einen bewußten Zustand versetzt, in dem sein Menschsein entfaltet wird: *„Erwecken ist also das Aufwecken aus einem Zustand der Uneigentlichkeit in einen Zustand der Eigentlichkeit."*[169]

'Erweckung' meint mithin einen psychologisch-pädagogischen Prozeß, der eine innere Verwandlung in Gang setzt, was letztlich aber besagt: *„Es ist die Aktualisierung*

---

168 Bollnow, O.F.: Existenzphilosophie und Pädagogik. Stuttgart 1959, S. 42f. Vor allem im ethischen Bereich sei der Begriff der 'Erweckung' für Spranger entscheidend, d.h. für die Entwicklung des Gewissens.

169 Ebd., S, 45.

eines potentiell schon Vorhandenen."[170] Bollnow setzt mit dieser Diktion im Anschluß an Montessori voraus, dass eine Anlage zum Guten dem menschlichen Wesen inhärent, aber noch nicht wirksam sei, wie dies in verschiedenen anderen Ethiken auch vertreten wird. Erweckung bedeutet folglich, dass der Erzieher eine Bewegung im Bewußtsein in Gang setzt, die sich dann im Lernenden (seiner *Innerlichkeit*) selbsttätig weiter entwickelt und zu einer Veränderung des Bewußtseins führt.

Als Schlüsselwort der erzieherischen Maßnahmen nennt Bollnow den bei Martin Buber zentralen Begriff der *'Begegnung'*, der in vielerlei Hinsicht als Ausgangspunkt neuer Erfahrungen und Erkenntnisse zu betrachten ist, wie sich im fünften Kapitel noch zeigen wird. Begegnung wird dann zum Ausgangspunkt einer existentiellen Erfahrung, wenn es um einen intensiven Dialog mit einem Menschen oder einem geistigen Phänomen geht, das das Innere des Menschen fundamental berührt, wie dies etwa in der Kunst, Musik oder Literatur geschieht. Durch sie wird das Geistige im Bewußtsein wachgerufen, welches das Leben bereichert, wie Kandinsky eindrücklich betont:

> *„Das geistige Leben, zu dem auch die Kunst gehört und in dem sie eine der mächtigsten Agentien ist, ist eine komplizierte aber bestimmte und ins Einfache übersetzbare Bewegung vor- und aufwärts. Diese Bewegung ist die der Erkenntnis.*"[171]

---

170 Ebd., S. 51.

171 Kandinsky, W.: Über das Geistige in der Kunst. 4. Aufl. Bern 1952, S. 36.

An anderer Stelle schreibt Kandinsky:

„Die Kunst leistet einen Dienst, ohne jeden Zweifel, aber nicht dem 'aktuellen Leben'. Es ist ein Dienst am Geist – hauptsächlich heute, wo der Geist nichts anderes als das fünfte Rad am Wagen ist."[172]

Kandinsky ist überzeugt davon, daß es Ziel der Künstler ist, das „Wesentlich-Innere" in ihren Werken darzustellen, denn nur durch den „Mitklang der Seele" werde der Betrachter „geistige Nahrung" finden und seine Empfindungen vertiefen können. Denn die Kunst besitze eine „weckende prophetische Kraft", die eine „geistige Wendung" im Betrachter hervorrufe, weil in jedem Werk auf geheimnisvolle Weise ein ganzes Leben eingeschlossen sei, von dem es künden will. [173]

Kunst ist immer Auseinandersetzung mit der Lebenswirklichkeit, mit den sozialen und politischen Verhältnissen (z.B. Goya oder Beuys) und auch mit dem Wesen des Menschen, seinen geistigen Fähigkeiten und seinem Status in der Welt wie bei Kandinsky. Sie will zum Nachdenken anregen und etwas verändern, dem Denken neue Wege weisen und existentielle Erfahrungen ermöglichen.

Seit der Antike übte die Philosophie einen großen Einfluß auf die Kunstschaffenden aus. Über das Reale hinaus vermittelte sie tiefgehende Erkenntnisse über das Wesen der menschlichen Existenz und über das geistige Leben, das die Künstler in ihren Werken symbolisch repräsentierten. Es sind jene Werke, die auch heute noch

172 Ders.: Essays über Kunst und Künstler. Bern 1955, S. 156.
173 Kandinsky: Über das Geistige in der Kunst, ebd., S. 21ff.

die Betrachter tief beeindrucken (z.B. Michelangelo, Raffael, Rembrandt, Caspar David Friedrich), weil sie etwas Besonderes und zugleich Gemeinsames in Einheit ausstrahlen, die im alltäglichen Leben nicht begegnet.

Hans-Dieter Mutschler stellte nun fest, dass sich diese enge Beziehung zwischen Philosophie und Kunst im Verlauf des 19. Jahrhunderts aufgrund der Verwissenschaftlichung der Welt aufgelöst habe, und die Kunst sich nicht mehr den ästhetisch-emotionalen und geistigen Grunderfahrungen widme. Um dieser Tendenz der Lebensferne und Abstraktheit in Philosophie und Kunst entgegenzuwirken, erinnert er in seiner Schrift im Rekurs auf die ontologische Erfahrung an die für den Menschen existentiellen, in der Begegnung mit Kunst begegnenden geistigen Erfahrungen, die in ihm Erkenntnis hervorrufen können. Die Künstler als leibliche Wesen leben zwar auch im Hier und Jetzt, aber zugleich erkennen sie das Ganze: *„Die Künstler jedenfalls haben es nicht vergessen und zehren von diesem Bezug aufs Ganze, um gleichzeitig dem Einzelnen treu zu bleiben.* Diese Konstellation nun bedeute: *„Die Kunst lebt von dieser Spannung zwischen dem Unendlichen und Endlichen oder besser: sie lebt von der Präsenz des Unendlichen im Endlichen.“*[174] Beispiele für diese Dialektik von Unendlichem und Endlichen finden sich in der gesamten Kunstgeschichte. Mutschler nennt beispielsweise Morandi und Giorgio de Chirico,

174 Vgl. Mutschler, H.-D.: Philosophie für Künstler und Künstlerinnen. Baden-Baden 2024, S. 13f. Als Beispiel für seine These nennt Mutschler Caspar David Friedrichs Gemälde „Der Mönch am Meer“. Der Mönch werde von Friedrich als „kontemplativer Betrachter der Unendlichkeit“ dargestellt

deren Bilder gerade aufgrund dieser Spannung dauerhaft in Erinnerung bleiben.

Während Begegnungen mit Phänomen der Kultur durch existentielle Erfahrungen einen positiven Einfluß auf den Menschen ausüben, führt zwar auch die Begegnung mit dramatischen Erlebnissen zu einer existentiellen und bleibenden Erfahrung, unter deren Wirkung der Mensch aber ein Leben lang leiden wird. In beiden Fällen aber stellt sich die *Begegnung* als Ereignis der „Unerbittlichkeit" (Bollnow) dar, dem der Mensch nicht entkommen kann und ihn eine neue Wirklichkeit erfahren läßt. Begegnungen bewirken also eine Zäsur inbezug auf bisherige Erkenntnisse und führen zu einer Veränderung von Sichtweisen und Verhaltensstrategien sowohl in positiver als auch in negativer Hinsicht. Folgen wir Kandinsky, so läßt sich festhalten, dass vor allem die Kunst wie auch andere kulturelle Güter, die das Geistige zum Inhalt haben, den Menschen im Inneren ergreifen und positiv – zum Guten hin – verändern.

Die nachhaltige *Begegnung* ist folglich nicht nur ein Ereignis, welches allein im zwischenmenschlichen Bereich stattfindet und einen realen lebendigen Dialog bezeichnet. Intensive und nachhaltige Begegnungen ereignen sich auch in der geistig-geschichtlichen Welt: z. B. in der Literatur durch die Begegnung mit historischen Persönlichkeiten und ihrer Lebensweise, in der Kunst mit der Gedankenwelt schaffender Künstler und mit der Musik, die Schopenhauer als diejenige Kunst bezeichnete, die als existentielles Ereignis in besonderer und intensiver Weise in die Tiefe der Seele dringe, weil sie seine Gefühlswelt erreiche und einen bleibenden Eindruck hinterlasse.

In der Begegnung mit Kunst setzt sich der Mensch in einem geistigen Akt in das Gegenüber hinein, um zu verstehen, sich eine Meinung bilden und damit Stellung beziehen. Schließlich wird er etwas entdecken, was als Bleibendes in seinem Bewußtsein erhalten bleibt und in seinem Leben eine besondere, eine existentielle Bedeutung erhält und sein Denken und Handeln durch diese Erfahrung beeinflußt.

Blicken wir nun einmal etwas genauer auf den Begriff der ´Erfahrung´, der in der Philosophie Karl Alberts eine zentrale Rolle spielt und der auch das Fundament seiner philosophisch-pädagogischen Theorie bildet, die uns weiter unten noch beschäftigen wird.

III.
Erfahrung und Tugendbildung

Vor allem in den Entwicklungsjahren, wenn die Persönlichkeit des jungen Menschen noch nicht voll entfaltet ist, dringt vieles auf ihn ein, was er weder richtig beurteilen noch entsprechend verarbeiten kann. Der Einfluß des Elternhauses und der schulischen Erziehung nimmt deutlich ab, während der Einfluß seiner Umwelt auf ihn zunimmt. So gerät er häufig in eine Gesellschaft, die sich dem Trend der Zeit verschrieben hat, welcher sich nachteilig auf seine Persönlichkeitsentfaltung auswirkt, indem er seine Interessen an diesem Trend ausrichtet.

1.

In der Gegenwart gehört zu diesen Interessen insbesondere die Beschäftigung mit den digitalen Medien, mit denen – wie sich immer mehr herausstellt – viel Zeit verbracht wird, sodass bereits von einer Medienabhängigkeit die Rede ist, wobei auch die Inhalte des Medienkonsums und ihre Strategie der manipulativen Einwirkung auf die Nutzer zu größter Besorgnis veranlassen. Auch wurde festgestellt, dass durch ständige Nutzung der digitalen Medien mentale und emotionale Folgen wie Realitätsferne bzw. ein Realitätsverlust der analogen Welt entstehen sowie ein passives und unsoziales Verhalten gegenüber der Wirklichkeit. Diese Problematik bietet hinreichend Anlaß, die schulischen Lernangebote einmal zu überdenken, insofern die modernen Medien vermutlich einen zu großen Raum in der Erziehung einnehmen, während die kulturelle Erziehung an Gewicht verliert. Doch eine Gesellschaft ohne Kultur ist eine Gesellschaft ohne geistigen Anspruch, ohne Empfinden für Sinn und Wert des wahrhaft Menschlichen. Das Interesse des Einzelnen gilt dem Konsum, anspruchslosen Vergnügungen und der irrigen Vorstellung, seinem Ego keine Grenzen setzen zu müssen, sodass auch die Sozialität keine Rolle mehr spielt, was letztlich zu einer Gefährdung der Demokratie führen kann.

Es ist eine „absurde Lage", in der sich der Mensch befindet, weil er von Blindheit geschlagen ist, „unfähig zu jeglicher Erkenntnis..., ohne sich auszukennen und ohne einen Ausweg zu finden." Mit diesen Worten Blaise Pascals (1623-1662) beschreibt Eric Mührel die Beobachtung des Philosophen, die auch auf unsere Gegenwart zutreffen könnte.[175] Denn auch bei Pascal geht es um die aktuelle problematische Situation des Menschen, um einen möglichen Ausweg, der nur in der Erkenntnis und Einsicht liegen kann. Dem Menschen fehle ein fester Halt und Verläßlichkeit im Leben, durch die er Kraft und Sicherheit gewinnen könne. Pascals Überlegungen konzentrieren sich folglich auf existentielle Fragen und

---

175 Mührel, E.: Unterwegs mit Pascal. Bd. I: Über den Menschen - Betrachtungen auf zwölf Wegen. Baden-Baden 2024, S. 15. Blaise Pascal ist Mystiker und Mathematiker, der sich mit der Stellung des Menschen in der Welt und dem Weg zum Seelenfrieden befaßte.

den Sinn des Lebens, die der Mensch offensichtlich aus Unwissenheit nicht zu bedenken scheint. Obwohl „Unbeständigkeit, Langeweile und Unruhe" das Leben des Menschen kennzeichne und eine Veränderung erfordere, bewege er sich auf den „Abgrund" zu, dem er „sorglos" und willenlos begegne. Und so wende der Menschen sich der „Zerstreuung, den Täuschungen, den Illusionen und den Einladungen zu einer Vielzahl von Narrheiten" zu.[176]

Pascal frage nun, wie der Mensch in seiner „würdevollen Größe und seinem abgründigen Elend" seinen Seelenfrieden finden könnte. Der berechnenden Rationalität mißtraut der Philosoph, während er von der *Herzensbildung* erwartet, dass sie den Menschen zu einem Ausweg verhelfen könne. Die Herzensbildung, deren Voraussetzung zunächst Selbstreflexion ist, bezieht sich auf die charakterlichen Eigenschaften des Menschen, auf seine Sensibilität und seinen seelischen Eigenschaften, die für seine Haltung zur Welt und den Menschen gegenüber maßgebend sind. Daraus folgt schließlich sowohl eine Öffnung hinsichtlich aller Erscheinungen der Welt als auch in Verbindung mit Verstand und Vernunft ihre kritische Wahrnehmung. Unter diesem Gesichtspunkt spielt die Herzensbildung nicht nur eine bedeutende Rolle inbezug auf moralische Eigenschaften, sondern auch inbezug auf die Erkenntnis von Werten.

176 Ebd., S. 25ff.

2.

Gehen wir einmal davon aus, dass bestimmte Erfahrungen, die der Mensch in seinem Leben macht, seine moralische Einstellung beeinflussen, so stellt sich die Frage, was die kulturelle Erziehung leisten kann, um zur Tugendbildung beizutragen. Die kulturelle Erziehung hat die Aufgabe, dem Lernenden Kulturgüter nahezubringen, ihn einzuführen in eine geistige Welt, die ihm eine Vielfalt von Erfahrungen bereitstellt und seine Sicht auf die Welt verändert. In der intensiven Begegnung mit Kunst, Musik und Literatur macht der Lernende Erfahrungen, die das ganze Spektrum menschlichen Denkens und Fühlens enthalten und es ihm ermöglichen, Sinnvolles zu erkennen, zu differenzieren, abzuwägen und Stellung zu beziehen. Kunst hat auf diese Weise gewissermaßen Vorbildcharakter, wenn es um die Begegnung mit seelisch-geistigen Gehalten geht, die der alltäglichen Welt fremd sind. Als Vorbild für die geistige Welt führt die Kunst den Menschen in eine neue Dimension des Lebens ein, in die er entsprechend seinen Anlagen hineinwachsen kann. So gehört auch das *Führen* und das *Wachsenlassen* zur Aufgabe der Erziehung, wie Theodor Litt in seiner vielbeachteten pädagogischen Schrift ausführt.

„Führen oder Wachsenlassen" ist der Titel einer Schrift des Pädagogen und Lebensphilosophen Theodor Litt, welche zunächst den Eindruck erweckt, es handele sich um Alternativen pädagogischer Konzeptionen[177]. Aber tatsächlich sind beide Erziehungsstile für die Ent-

---

177 Litt, Th.: Führen oder Wachsenlassen. Leipzig 1927 (13. Aufl. Stuttgart 1967).

faltung der Persönlichkeit des jungen Menschen unerläßlich, denn das „Führen" meint das Anleiten zu einem
richtigen und sinnvollen Lebensweg und das „Wachsenlassen" läßt dem Lernenden den Freiraum, seine vorhandenen Fähigkeiten und sein Selbstwertgefühl zu vervollkommnen.

Im Zentrum von Litts Denken und seiner pädagogischen Theorie steht die *Geistigkeit* und die *Geschichtlichkeit* des Menschen, die seine Lebenshaltung bestimmen
und einer spezifischen Stellung zum Dasein Ausdruck
verleihen, denn die Erfahrungen und Einsichten, die der
Mensch aus allen Facetten der geistigen Gehalte und dem
Bewußtsein seiner eigenen Geschichtlichkeit gewinnt,
beeinflussen auch seine Einstellung zu seinem moralischen Verhalten. Ziel der pädagogischen Einwirkung ist
daher eine erkenntniskritische Bildung, die den Lernenden zu einem mündigen Bürger macht, indem er aufgrund empirischer Beobachtung und Begründung sowie
daraus gewonnener *Erfahrung* zu einer eigenständigen
Stellungnahme befähigt wird. Diese Vorgehensweise, die
Konzentration auf die Grundverhältnisse des faktischen
Lebens, kennzeichnet den pragmatischen und rationalen
Aspekt des Erziehungsprozesses, denn aus der Komplexität von allgemeinen Phänomenen des Lebens läßt sich
nach Litt die Eigenart konkreter Einzelerscheinungen
erschließen, was vom Lernenden kreatives Denken erfordert, das zum ´tieferen Sinn des Verstehens´ führt. Den
´tieferen Sinn des Verstehens´ im Gegensatz zum erklären-
den Verstehen erläutert Litt folgendermaßen:

„Denn Verstehen in diesem tieferen Sinn besagt...dass man dem Wertgehalt des Andersartigen, ja auch des Abgelehnten und Bestrittenen sich aufschließt kraft des geheimen Wissens, dass ihm die eigene Wertgestaltung in einem verborgenen Lebensgrunde verbunden und verpflichtet ist. Auch dieses Verstehen ist 'Aufheben' des Gegensatzes. In einem Verstehen von solcher Art ist der höchste Standort erreicht, der dem nur in der Besonderung und Entzweiung sich selbst findenden Geist vergönnt ist; denn es vereint eine dem Ganzen des geistigen Kosmos sich aufschließende Bereitschaft und Weite mit der entschlossenen Hingabe an die dem eigenen Ich und der erwählten Gemeinschaft vorbehaltenen Sendung, ohne die das geistige Universum in Nebel zerfließen würde."[178]

Das 'tiefere' Verstehen, von dem Litt spricht, ist ein solches, das eine Veränderung des Menschen durch Erkenntnis und Einsicht erzeugt und seine Einstellung zum Leben maßgeblich und dauerhaft beeinflußt. Erleben, Erkennen und Verstehen befinden sich von daher in einem engen Beziehungsgeflecht, sowohl in ihrem immanenten Verhältnis als auch zum Leben selbst. Sie erhalten ihre spezifische Akzentuierung durch das Geistige in ihnen, das seinen Ort im Seelischen hat, das als das Einzigartige und Typische eines jeden Menschen zu verstehen ist.

Mit der Hervorhebung des Geistigen als spezifisches Phänomen des menschlichen Wesens verweist Litt auf eine Weise des Bewußtseins, die nicht auf das Zweckhafte

---

178 Litt, Th.: Die Philosophie der Gegenwart und ihr Einfluß auf das Bildungsideal. Leipzig/Berlin 1925 (3. Aufl. 1927), S. 68f.

des Alltäglichen gerichtet ist, sondern sich auf Gehalte des seelisch Bedeutsamen bezieht. Das erklärt auch, weshalb Litt die Begründung für die Grundlinien einer wissenschaftlichen Pädagogik im Sinne von Diltheys Strukturlehre des Seelenlebens weitergeführt hat, wie er in „Führen oder Wachsenlassen" ausführt (der Erzieher führe die Seele zur Bildungsidee hin). Charakteristisch für das Bildungsideal Litts ist daher der Gedanke, dass er das Lebendige, den Entfaltungsdrang der Seele und das Ideal einer gelingenden, freiheitlichen Erziehung in den Dienst des Lebens stellt, wobei das Geschichtliche als Korrektiv des je eigenen Subjektivismus wirkt und *„an welches Wirkliche sich das 'Bildungsideal' wendet, versteht sich von selber: es ist der Mensch."*[179]

---

179 Litt, Th.: Das Bildungsideal der deutschen Klassik und die moderne Arbeitswelt. Bonn 6. Aufl. 1959, S. 14.

Fünfter Teil

Wiedererweckung der Tugenden

I.
Aspekte der geistigen Entfaltung

Dass die Tugenden in der Gegenwart an Bedeutung verloren haben, wurde im Vorangegangen ausgiebig belegt. Wenn nun die Wiederbelebung der Tugenden als dringend notwendige Maßnahme in den Blick gerückt wird, so bezieht sich dieser Gedanke in erster Linie auf die Wiederbesinnung des *Guten* und *Schönen*, die nicht nur als ethische Kategorie zu betrachten sind, sondern die vor allem das menschliche Leben bereichern und die Sozialität und die Humanität als zentralen Aspekt des gemeinschaftlichen Miteinander ausweisen. Dabei ist zu bedenken, welche menschlichen Eigenschaften erforderlich sind, die in der Erziehung speziell zu fördern sind, um den jungen Menschen den Weg in eine zufriedenstellende Zukunft zu erleichtern.

1.

Das geistige Leben hat in unserer Gegenwart sichtlich an Bedeutung verloren, wie sich bei kritischer Analyse der erzieherischen Maßnahmen, der Medien und der Freizeitangebote eindeutig zeigt. Kulturelle Veranstaltungen stoßen immer weniger auf Interesse, klassische Konzerte, Theateraufführungen oder Kunstausstellungen verlieren ihre Besucher und können aufgrund sinkender Einnahmen nur noch mit Hilfe von Subventionen geboten werden. Und auch das Interesse an anspruchsvoller Literatur hat abgenommen, denn das Lesen hat offensichtlich den Kampf gegen die sogenannten „sozialen" Medien verloren.

Dieser fatalen Entwicklung entgegenwirken zu wollen, scheint auf den ersten Blick ein aussichtsloses Unterfangen zu sein, doch philosophische und pädagogische Erkenntnisse und Erfahrungen könnten durchaus zu sinnvollen Lösungen führen.

Zunächst aber gilt es zu fragen, weshalb die Kultur und ihre vielfältigen Bereiche überhaupt für den Menschen und seine Lebensweise eine besondere Bedeutung haben sollten. Geht es nicht eigentlich primär darum, ein sorgenfreies Leben in Wohlstand zu verbringen und sein Glück durch materielle Güter zu definieren? Diese Einstellung verkennt jedoch, dass die Kultur einen ganz anderen Bereich des menschlichen Bewußtseins erreicht, nämlich den des Geistes, der sein Denken, Handeln und sogar seine ethische Disposition beeinflußt. Die Kultur bezieht sich nicht auf das Zweckhafte und Materielle des alltäglichen Lebens, sie fordert vielmehr den Menschen heraus, sich mit Erscheinungen zu beschäftigen, die ihn zu kritischer Reflexion anregen und ihm Sinn und Wert des Lebens vor Augen führen. So gesehen, sind diese kulturellen Erscheinungen Beispiele für unterschiedliche Lebensformen und Ausdrucksweisen des Menschen, in der Musik, der Kunst oder Literatur. Das heißt auch, daß alle Kunst Ausdruck des Geistigen ist, eine Ausein-andersetzung mit allen Facetten des Lebens, die dem Kunstinteressierten Einblicke in eine andere und neue Gedankenwelt bieten.

Schon vor Jahrtausenden haben die Menschen begonnen, neben nützlichen auch künstlerische Objekte zu gestalten, oder wie beispielsweise in Lascaux, einer Höhle, die bei Montignac in der Dordogne entdeckt wurde, schon in der jüngeren Altsteinzeit die Felswände mit eindrucksvollen Bildern zu bemalen, die den Höhepunkt der eiszeitlichen Kunst um 15000 v. Chr. bilden. Sie stellen Jagdtiere, Symbole und gelegentlich auch menschliche Gestalten dar und sind Ausdruck der damaligen Lebensform, der Gedanken, Beobachtungen und Empfindungen und auch religiöser Vorstellungen, die der Betrachter heute verstehen und nachempfinden kann, indem er sich in eine andere, völlig fremde Welt versetzt. Schon ein solcher Einblick in das Leben und Denken vergangener Kulturen zeigt, dass Kunst etwas vermittelt, was den geistigen Horizont des Betrachters erweitert, ihn zum Nachdenken anregt und inspiriert.

Nun gibt es viele Menschen, die behaupten, mit Kunst, Musik oder Literatur nichts anfangen zu können und auch in der Jugend sei eine Begegnung mit Kultur kaum erfolgt. Das legt die Vermutung nahe, dass es einiger Voraussetzungen bedarf, die das Interesse an kulturellen Ereignissen überhaupt erst möglich machen. In der Begegnung mit Kunst, Musik oder Literatur ist die erste Voraussetzung, sich dem Werk zu öffnen, sich vorurteilsfrei auf es einzulassen, um den Grund für ein erstes Verstehen zu legen. Doch es braucht eine Weile, bis aus dem anfänglich noch nicht tiefer gehenden Verstehen eine Liebe zur Kunst oder Musik entsteht, die schließlich zu der Erkenntnis führt, dass kulturelle Ereignisse für das eigene Leben unverzichtbar geworden sind. *Verstehen* und *Gewöhnung* an das vormals Fremde und Unverstandene sind folglich notwendige Phasen zum wirklichen Erlebnis, das dem Leben einen neuen Sinn verleiht, den das Geistige im Bewußtsein hervorruft.

Dieses Tiefgehende und Bleibende im Bewußtsein ist nun aber mit einer weiteren Dimension des Geistigen verbunden, die den Bereich des Ethischen betrifft, denn durch das im Kunstwerk Ausgedrückte – Gedanken und Empfindungen des Kunstschaffenden – erhält der Betrachter bzw. Hörer oder Leser, einen Einblick in eine andere mentale Welt, die er reflektiert, respektiert und der er Wert attestiert. So ist er fähig, einen Dialog mit einem Gegenüber zu gestalten, Neues zu lernen und sich selbst zurückzunehmen. Das Werk 'spricht' also aufgrund seiner Ausdruckskraft mit dem Betrachter oder Hörer, der sich 'hineinversetzt', um zu verstehen.

Indem der Mensch sich mit dem Geistigen befaßt, das sein Leben bereichert, gerät das Alltägliche und auf Nutzen Gerichtete in den Hintergrund. Das bedeutet, der Mensch nutzt seine Lebenszeit intensiver und bewußter und beginnt, Wertloses von Wertvollem zu unterscheiden. Das führt auch dazu, sich Beeinflussungen und Manipulationen des Massentrends zu entziehen und sich ein eigenes Urteil über den Sinn des Lebens zu bilden. Er wird die kurze Zeit seines Lebens nicht mit Tätigkeiten vergeuden, die nichts Bleibendes darstellen und die aufgrund ihrer Belanglosigkeit nur Leere hinterlassen.

2.

Jeder Mensch sollte sich der Tatsache bewußt sein, dass ein jedes Menschenleben ein kostbares Gut ist und nur kurze Zeit währt, denn wir sind in der Zeit „nur ein winziges Atom", wie der Philosoph Rüdiger Safranski in seinem Buch „Zeit" nachdenklich und überzeugend ausführt.[180] Die Lebenszeit ist eine befristete Zeit, die es zu nutzen gilt, obwohl sie unberechenbar ist und von vielen Verwerfungen bestimmt wird, die der Mensch nicht beeinflussen kann. Aber dennoch glaubt der Mensch, seine Zukunft planen und gestalten zu können, denn er hat offensichtlich die freie Wahl. Wird er dem Vergnügen oder dem Reichtum und dem scheinbaren Glück nachjagen oder wird er nach dem Sinn des Lebens – einer erfüllten Zeit – suchen? Er kann die Zeit totschlagen, sie mit sinnlosen Tätigkeiten ausfüllen, die nichts Bedeutendes hinterlassen. Eine erfüllte Zeit dagegen erlebt man, wenn man sich in etwas hineinversetzt, was einen ausfüllt und innehalten läßt: *„Es sind die Augenblicke, in denen man durch Hingabe an Etwas oder an Jemand die Zeit vergißt... Man geht in etwas auf, verliert sich in einem Natureindruck, einem Bild, einem Klang.... Die Kunst*

180 Safranski, R.: Zeit. Was sie mit uns macht und was wir aus ihr machen, München 2015. S. 132.

zumal begünstigt dieses hingebungsvolle Verweilen."[181]

Diese Fähigkeit, sich von den Belanglosigkeiten und Äußerlichkeiten des Alltags und dem leeren Vergnügen distanzieren zu können, ist keine esoterische oder kontemplative, weltferne Untätigkeit. Denn ein Innehalten und die Konzentration auf Bedeutendes wird die Wahrnehmung, das Erkennen von Werten, kurz: die Lebensweise im ganzen beeinflussen und Sinnvolles und Sinnloses zu unterscheiden lehren.

Vielleicht wird der nur auf sein Ich bezogene Mensch aber auch verzagen und vor den Anforderungen resignieren, weil er es nicht gelernt hat oder auch unfähig ist, sich dem Anderen zu öffnen und Bedeutendes von Unbedeutendem und Wertvolles von Wertlosem zu unterscheiden. Aber er hat die Wahl, und von ihr hängt es ab, wie er seine Lebensweise zu gestalten gedenkt. Und von der Art seiner Lebensweise, für die er seine kurze und kostbare Lebenszeit in Anspruch nimmt, hängt es wiederum ab, ob in ihr das Gewohnte überschreitende transzendierende Aspekte erkannt werden, die Zweifel an seiner bisherigen Lebensform auslösen können. Schließlich wird der Mensch sich auch die Frage stellen müssen, was Glück, Zufriedenheit, Ausgeglichenheit und innere Ruhe hervorbringen – aber auch, was es ihm bedeutet, sein Ich nicht zum Maßstab aller Dinge zu machen, sondern sich auf die Gedankenwelt Anderer einzulassen.

Wenn die Begegnung mit den geistigen Gehalten tatsächlich einen so großen Einfluß auf das menschli-

---

181 Ebd., S. 229.

che Bewußtsein besitzt, so müßte man auch noch einen Schritt weitergehen und fragen, ob dieser Einfluß das menschliche Wesen grundsätzlich verändern kann, wie dies die tradierte Ethik behauptet. Ist der Mensch fähig, den aristotelischen Prinzipien des Maßhaltens, der Besonnenheit und Gelassenheit zu folgen oder widersprechen sie der Natur des Menschen grundsätzlich? Sind Denken und Vernunft keineswegs die Richtlinien für das Verhalten des Menschen in der Welt? Und nutzt der Mensch seine Lebenszeit im Blick auf ein Ziel, das weit über ein bloßes „Dahinvegetieren" hinausreicht?

Schon das richtige Nutzen der Zeit ist für die meisten Menschen eine Hürde, die kaum zu überwinden ist, denn die Moderne hat der Langsamkeit abgeschworen, wie Paul Virilio inbezug auf die Ästhetik erklärt.[182] Langsamkeit oder besser Gelassenheit und Besonnenheit sind nicht Tatenlosigkeit, sondern Phasen des Bewußtseins, die auf Zeit und Konzentrationsfähigkeit angewiesen sind, eine Zeit, über die der moderne Mensch nicht mehr zu verfügen glaubt, weil die Effektivität der Algorithmen zugenommen und auch zur Schnellebigkeit des gesamten Lebens geführt hat. Doch mehr Zeit hat der Mensch dadurch nicht gewonnen, denn durch die schnelle Abfolge von einzelnen Phänomen müssen diese durch organisierte Gleichzeitigkeit bearbeitet werden. Der Mensch fühlt sich ständig getrieben, zwischen Terminen aller Art aufgerieben und durch Arbeit überlastet. Doch auch die

---

182 Virilio, P.: Ästhetik des Verschwindens. Berlin 1986. Vgl. auch mein Buch: „Verlust der Seele" , indem ich auf Virilios Einwand genauer eingegangen bin (Norderstedt 2015, besonders S. 115f.).

Suche nach Ablenkung und Entspannung unterliegt diesem Trend, und es gelingt ihm nicht, ein Buch zu lesen oder sich mit Kunst oder Musik zu beschäftigen, denn sein Kontakt zur störenden Außenwelt ist durch die digitalen Medien mit der ständigen Übermittlung neuer Daten immer vorhanden.

Die Geschwindigkeit des alltäglichen Lebens hat also bereits auf das Private übergegriffen, sodass auch wahrgenommene Erlebnisse keinen intensiven Eindruck mehr hinterlassen, wie Paul Virilio meint: *„wir empfinden nichts dabei, d.h. wir werden apathisch"*, denn die Zeit wird nicht mehr im Fluß, sondern nur noch zusammenhanglos erfahren und Tatsachen und Ereignisse verlieren ihren Sinn und Wert. Daraus folge: *„ein Sinnverlust, der für uns nicht nur eine Siesta des Bewußtseins ist, sondern ein Niedergang der Existenz."*[183] An anderer Stelle erklärt Virilio, dass der Mensch zum *„flüchtigen Bewohner der Zeit"* geworden sei, die ursprüngliche Erfahrung des Raumes verliere und orientierungslos werde, denn: *„Die Macht der Echtzeit ist der Verlust der Seinszeit"*, die eine Phase der Kontinuität sei. Der Verlust dieser Erfahrung aber führe zu Ängsten vor der realen Zeit.[184]

Die von Virilio geforderte Langsamkeit oder Entschleunigung entspricht dem in der Philosophie verwendeten Begriff der 'Muße', die als Vorstufe der Besonnenheit zu verstehen ist und Konzentration auf ein Phänomen ermöglicht. Nur in dieser Phase des reflektierten Verhal-

---

183 Ebd., S. 41.
184 Virilio, P.: Die Macht der Echtzeit ist der Verlust der Seinszeit. Ein Gespräch mit H.-J. Jocks. In: Kunstforum, Bd. 150 (2000), S. 112-123.

tens, in der der Mensch auf sein Inneres zurückgezogen ist, wird er fähig sein, Tiefgründiges – das Geistige – in seiner wahren, existentiellen Bedeutung wahrnehmen zu können, das sein Leben bereichert. Denn eine Welt ohne das Geistige ist eine Welt ohne Zukunft, eine verlorene Welt, die in Abgründe und Barbarei zu versinken droht.

II.
Die Aufgabe der philosophischen Pädagogik

Es sind verschiedenen Tendenzen der philosophischen Pädagogik mit je unterschiedlichen Begründungen und Zielsetzungen zu unterscheiden: im Anschluß an Dilthey spricht man von einer geisteswissenschaftlichen Pädagogik, bei Spranger von einer psychologischen, Litts Pädagogik wird als idealistisch verstanden und Bollnows als hermeneutisch-anthropologische Pädagogik, während Albert seinen pädagogischen Ansatz als philosophische Pädagogik versteht, die er auf die ontologische Erfahrung zurückführt.

Die Aufgabe der modernen Pädagogik besteht vor allem in der Wissensvermittlung, der Erziehung zur Persönlichkeit und der Erziehung zur Geistigen (hier: als Fähigkeit, Sinn und Wert von Phänomenen des Lebens zu erkennen und zu differenzieren). Diesen Anspruch vertritt die philosophische Pädagogik in besonderem Maße. Schon in der Antike haben Platon und Aristoteles ihre philosophischen Erkenntnisse und Begründungen als Richtlinien für die Erziehung betrachtet und bis in die Gegenwart einen erheblichen Einfluß auf die Entwicklung pädagogischer Überlegungen ausgeübt. Im folgenden versuchen wir daher, auf solche pädagogischen

Tendenzen einzugehen, die im Anschluß an Platon und Aristoteles ein Konzept entwickelten, das dem Anspruch der modernen Welt Rechnung trägt ohne auf die Grundprinzipien der alten Philosophen verzichten zu müssen. Das bedeutet, dass das Ziel der Erziehung die Menschwerdung, die Persönlichkeitsentfaltung und die Erziehung zur Humanität als zentrale Aspekte zu betrachten sind. Diese Festlegung setzt ferner voraus, dass Erziehung immer auf dem Fundament ethischer Prinzipien zu erfolgen hat. Zunächst also beschäftigen wir uns mit O.F. Bollnows Vorstellung einer philosophisch begründeten Pädagogik, die Vernunft und Besonnenheit (Aristoteles) zum Ausgangspunkt erzieherischen Handelns bestimmt, um anschließend auf Platons ontologische Erfahrung einzugehen, die Karl Albert als Prinzip der Erziehung darstellt.

1.

O.F. Bollnow hat sich in seinen zahlreichen Werken jahrzehntelang mit Philosophie und Pädagogik befaßt und das „Praktisch-Werden" der philosophischen Theorie und das „philosophische Durchdringen der pädagogischen Praxis" zu seiner Lebensaufgabe gemacht. Seiner Überzeugung nach hängen beide Aspekte auf's engste miteinander zusammen, weil Erziehung nur möglich und wirksam sein kann, wenn sie auf dem Fundament der Vernunft und philosophischer Besonnenheit geschieht, sich als philosophische Anthropologie an ethischen Prinzipien orientiert und ausdrücklich auf den Lernenden konzentriert ist. Es geht also um das Wesen des Menschen, wobei das hermeneutische Vorgehen seiner Auffassung nach vor allem die anthropologischen Voraussetzungen (die seelische und physische Verfaßtheit) klären kann, die den Ausgangspunkt des erzieherischen Einwirkens begründen. Aus dieser Festlegung ergeben sich auch die Zielsetzungen des Erziehungsprozesses (z.B. Verantwortungsbewußtsein, das Erkennen der Rechte und Grenzen der Freiheit, Reflexion über die Bedeutung des Friedens usw.), die der Aufklärung, aber auch der aristotelischen Ethik verpflichtet sind und sich auf Vernunft, Verstehen und Werten als zentrale Aspekte berufen können. Erziehung stellt sich, so gesehen, als Phase der „Erweckung" dar (ein Begriff, der auch bei Spranger eine bedeutende Rolle spielt). Bollnow sieht in der 'Erweckung' einen Vorgang, der die im Menschen schon angelegten Fähigkeiten im sokratischen Sinne 'ans Licht hebt' und weiterhin fördert. Es ist ein Ereignis, das den jungen Menschen von einem 'uneigentlichen' Zustand in einen 'eigentlichen' verwandelt. Das heißt, dass dieses Ereignis eine radikale Umwendung bedeutet, die „zur Aktualisierung des innerlich Schlummernden gehört".[185]

Neben der Wissensvermittlung gehört nach Bollnow die Entfaltung des menschlichen Wesens zu den Hauptaufgaben der Pädagogik. Damit gemeint ist vor allem die grundlegende Bedeutung von Menschlichkeit als zentralen Aspekt in alle Erziehungsprozesse zu

185 Bollnow: Existenzphilosophie und Pädagogik, Versuch über unstetige Formen der Erziehung. Stuttgart 1959, S. 45, 51, Vgl. auch Jain, E: Lebensphilosophie und Ästhetische Erziehung. Frankfurt 1995, S. 237-257.

integrieren, um die jungen Menschen mit entsprechenden Verhaltensweisen vertraut zu machen (Vorurteile abzubauen, Respekt und Toleranz und ein zivilisiertes Miteinander zu erlernen usw.). Werden diese eigentlich selbstverständlichen Verhaltensweisen in früher Kindheit geübt, so könnten sie auch im späteren Leben dazu führen, „Feindbilder gleich welcher Art" abzubauen und in jeder Andersartigkeit den Menschen zu sehen.[186]

Die Besonnenheit, eine Tugend, die in Bollnows philosophisch-pädagogischem Konzept eine besondere Rolle spielt, ist ein weiterer Schwerpunkt der pädagogischen Aufgabe, insofern sie der Neigung zu extremen Strömungen und „autoritären Massenbewegungen" entgegenwirken kann. Dass die genannten Erziehungsziele aber nur auf der Basis des Gesprächs, der notwendigen Bereitschaft und Fähigkeit des Lernenden als unerläßliche Voraussetzung der Verständigung und eines möglichen Konsenses erreicht werden können, betont Bollnow ausdrücklich. Wie wichtig diese pädagogische Aufgabe ist, zeigt sich deutlich in unserer Gegenwart, in der jede Weise einer Diskussionskultur verlorengegangen ist, während Anfeindungen, Polemik und Unsachlichkeit den je eigenen Wahrheitsanspruch legitimieren sollen. Als Folge sind Feindseligkeiten und inzwischen weltweit Kriege zu beobachten, wie Bollnow betont (vgl. auch das dritte Kapitel).

Gleichwohl sieht Bollnow in der Zukunft eine Chance durch die Erziehung und eine *„Wendung zum*

---

186 Bollnow, O.F.: Zwischen Philosophie und Pädagogik. Vorträge und Aufsätze. Aachen 1988, S. 22.

Besseren..., ja vielleicht, wenn wir sie richtig nutzen, zu einer neuen Epoche in der Entwicklung der Menschheit." Diese Chance sieht er in der sinnvollen Nutzung der Freizeit in jeder Lebensphase, die nicht als „bloße Beschäftigungstherapie" zu nutzen sei, um Langeweile zu vertreiben oder als „bloße Zerstreuung, die den Menschen bald wieder in die alte Langeweile zurückfallen lässt." [187]

Die Zeit ohne berufliche oder familiäre Verpflichtung sinnvoll zu füllen, setzt voraus, eine Tätigkeit auszuüben, die Erfüllung und Zufriedenheit verspricht, ein erfülltes Leben, das durch entsprechende Interessen und Tätigkeiten erreicht werden kann. Unter diesem Aspekt spielt die schon in der Jugend erfahrene kulturelle Erziehung natürlich eine maßgebliche Rolle, insofern sie das ganze Leben bereichert, durch Schönheit der Musik, den Theaterbesuch oder die Literatur, die den Menschen in seinem Inneren ergreifen können. Im Rekurs auf Karl Marx schreibt Bollnow hierzu: *„Erst durch das Hören von Musik wird das Ohr zu einem für die Schönheit der Musik empfindlichen Organ. Erst durch die Betrachtung der Werke der bildenden Kunst wird das Auge zu einem für die Schönheit der Form und der Farbe aufgeschlossenen Organ."* Daraus folgt ganz allgemein: *„erst durch die Beschäftigung mit den Werken des objektiven Geistes, in diesem Fall mit den Werken der Kunst als Erzeugnissen menschlicher Gestaltung, werden die Sinne zu Organen einer differenzierten Auffassung."*[188]

Aus dieser Bemerkung wird deutlich, dass nicht nur

187 Ebd., S. 25ff.
188 Ebd., S. 31.

der Intellekt für das Wesen des Menschen bestimmend ist, sondern auch seine sensibilisierten Sinne, die zur Erfahrung des Geistigen erforderlich sind wie auch in zwischenmenschlichen Beziehungen, wenn von 'Feingefühl' die Rede ist. Aus diesem Grund gehört die These vom geistig-körperlich-sinnlichen menschlichen Wesen zu den in der modernen Pädagogik elementaren Erkenntnissen, denn *„der Mensch wird erst in vollem Sinne Mensch, wenn er die ganze Breite der bisher verkümmerten Sinne zur Entfaltung gebracht hat."*[189]

Die Einführung in die Welt der Kultur und die Förderung entsprechender Interessen gehört mit zu den wichtigsten Aufgaben der Erziehung wie die vorangegangenen Überlegungen zu zeigen versuchten. Aber diese Aufgabe kann in der Gegenwart aufgrund der übermächtigen Einflüsse der „sozialen Medien" und ihrer fragwürdigen Angebote kaum noch erfolgreich bewältigt werden. Diese richten sich – mit bedenklichen Folgen für die Nutzer, wie Psychologen warnend verlauten lassen – primär an die 'niederen' Triebe der Jugendlichen und üben auf diese Weise einen äußerst negativen Einfluß auf ihr Denken und Verhalten aus, welcher sich durch Leistungsverweigerung, unsoziales Verhalten, Gleichgültigkeit oder überhöhtes Anspruchsdenken usw. bemerkbar macht. Diese Haltung führt auch dazu, sich vorrangig den äußeren Dingen der Lebenswelt zuzuwenden, dem Materiellen oder den zahlreichen Vergnügungen, die die moderne Welt zu bieten hat. Dagegen gelte es, die zur

189 Ebd., S. 32.

Verfügung stehende Zeit richtig zu nutzen, um „die Verkümmerung des Menschen unter der Gier nach Macht und Besitz, die Beschränkung aller Sinne auf den einen Sinn des Habens zu überwinden."[190]

Die Förderung von sinnvollen Interessen ist auf diesem Hintergrund auch im Blick auf die Persönlichkeitsentfaltung eine wesentliche Aufgabe der Erziehung. Sinnvolle Interessen nennen wir solche Tätigkeiten, die um ihrer selbst willen betrieben werden und das Innere des Menschen ergreifen und die sogar eine „Wandlung des Menschen" erzeugen können. Damit stehen sie solchen Interessen entgegen, die als Machtanspruch auf persönliche Vorteile ausgerichtet sind oder lediglich aufgrund ihrer Bedeutungslosigkeit einem Zeitvertreib oder der Sensationslust dienen. Zu der Wandlung, die sich durch die intensive Pflege der entsprechenden Interessen im Menschen ereignet, erklärt Bollnow folgendes:

„Mit der zunehmenden (praktischen und theoretischen) Kenntnis entwickelt sich im Menschen eine immer feinere Aufnahmefähigkeit, ein immer tieferes Verständnis und eine immer reinere Freude an der Sache, kurz: es entwickelt sich ein Organ des Auffassens der Dinge in ihrer ganzen Schönheit und in ihrem ganzen Reichtum. Und wenn wir hier von einem Organ des Auffassens sprechen, so meinen wir damit nicht nur die verstandesmäßige Erkenntnis. Die Fähigkeiten des sinnlichen Auffassens im Tasten, Hören und Sehen, die Kräfte der Ahnung und der Phantasie sind dabei in gleicher Weise beteiligt

---

190 Ebd., S. 35.

und entwickeln sich zu immer größerer Vollkommenheit.
In einer solchen, an keinen äußeren Zweck gebundenen,
rein durch sich selbst befriedigenden Tätigkeit ist eine
Haltung erreicht, die den Menschen von der Herrschaft
eines technisch rationalen Denkens befreit und ein freieres
Verhältnis zum Leben und zur Welt ermöglicht. Sie führt
zu einer in Sicherheit, die sich gegenüber den übertriebenen
Lebensansprüchen und einem bloßem Statusdenken in
einer neuen Bescheidenheit auswirkt."

Durch die Befreiung von jeglichem äußeren Nutz-
oder Zweckdenken geschieht im Menschen „*die Freile-
gung seiner vollen Menschlichkeit, die sich dann auch auf
sein übriges Leben auswirkt*", d.h. auf seine Beziehung zu
anderen Menschen, zur Natur, zu eigenen Lebenszielen
usw.[191] Mit der Wendung „volle Menschlichkeit" ist dabei
die ethische Dimension des Menschseins an sich bezeichnet.

Erkenntnis setzt den Willen zur Objektivität des
Begreifens und Verstehens voraus, um Wertungen überhaupt vornehmen und Vorurteile abbauen zu können.
Eine Veränderung der Sicht auf die reale, aber auch die
geistige Welt wäre die Folge einer solchen Erkenntnis,
die die je eigene Befindlichkeit bzw. das gesamte eigene
Leben betrifft. Immer geht es also um die „*Selbstwerdung
des Menschen in einem strengen Sinne, und so genommen
nicht um die inhaltliche Bereicherung, sondern um einen
sittlichen Aufschwung*", den der Mensch durch die Begegnung mit der geistigen Welt und den daraus gewonnenen

---

191 Ebd., S. 39ff.

Erfahrungen erreicht.[192]

2.

Im Vorangegangenen wurde versucht zu belegen, dass eine wesentliche Aufgabe der Pädagogik ihr Bemühen um die Persönlichkeitsentfaltung des jungen Menschen ist, weil eine stabile Persönlichkeit mit klaren Vorstellungen von einer sinnvollen Lebensgestaltung sowohl für sie selbst als auch für die Gemeinschaft unabdingbar ist. Für diese Aufgabe erweist sich bei genauerem Zusehen eine philosophisch gegründete Pädagogik als überaus geeignet, insofern sie sich nicht nur auf das Praktische und Zweckhafte des Lebens konzentriert, sondern auf den Menschen selbst, auf die existentielle Bedeutung seiner Menschwerdung wie dies in Bollnows pädagogischer Theorie bereits deutlich wurde.

Was eine philosophische Pädagogik in erster Linie kennzeichnet, auf welche philosophischen Grundlagen sie zurückgreift und welche pädagogischen Ziele sie schon seit der Antike verfolgt, erfahren wir in der historischen und kritischen Einführung in die philosophische Pädagogik von Karl Albert.[193] Einige wesentliche Aspekte seiner Untersuchung seien im folgenden hervorgehoben, insbesondere solche, die zur Bewältigung der gegenwärtig anwachsenden erzieherischen Probleme neue Wege weisen können.

---

192 Bollnow, O.F.: Existenzphilosophie und Pädagogik. Stuttgart 1959, S. 121.

193 Albert, K.: Philosophische Pädagogik. Eine historische und kritische Einführung. Sankt Augustin 1984.

Blicken wir zunächst einmal etwas genauer auf die Deutungen der Philosophie selbst zu Begriff und Bedeutung der philosophischen Pädagogik. Diese gründet nach Albert im platonischen Gedankengut und bezieht sich ausdrücklich auf den Seinsgedanken (der auf eine ursprünglich Erfahrung und die Erkenntnis der letzten Wahrheit zurückgehe), von dem zuerst Parmenides berichtet. Daraus folge die Unterscheidung zweier Erkenntnisweisen: *„mit der Selbstunterscheidung des philosophischen Denkens vom nichtphilosophischen Leben.“*[194] Den Zusammenhang zwischen der Seinserkenntnis und den unterschiedlichen Erkenntnisweisen bezüglich der Erziehung erklärt Albert folgendermaßen: Im Gedanken der Seinserfahrung liege das Ziel der Seinsbejahung, und mit diesem das Streben nach dem Guten und Sinnvollen, also einer positiven Einstellung zum Leben schlechthin, die das Denken und Handeln beflügelt. Das heißt ferner *„das in unserem Bewußtsein verwurzelte Jasagen zum Sein ist nun für die Erziehung von grundlegender Bedeutung. Alles erzieherische Handeln kann nur sinnvoll sein, wenn grundsätzlich Leben und Welt bejaht werden, selbst wenn man einzelne Zustände in der Welt und einzelne Situationen im Leben für schlecht hält.“*[195]

Eine positive Einstellung zum Leben verleiht Kraft und die Fähigkeit, auch Probleme bewältigen zu können und nicht zu verzweifeln. Ist sie nicht vorhanden (durch „Verweigerung der Seinsbejahung“), so werde Erziehung nicht erfolgreich sein und der junge Mensch verharre in

194 Ebd., S. 7.
195 Ebd., S. 14.

einem Zustand, der seine Menschwerdung verhindert. Die Seinsbejahung bewirkt darüber hinaus, dass der Mensch nicht nur im Hier und Jetzt verweilt, sondern sich auf eine *Zukunft* hin konzentriert, die er zu gestalten gedenkt, die ihn herausfordert, die seine Kreativität mobilisiert und in der er als verantwortungsvolles Mitglied der Gemeinschaft wirken kann. Alle negativen subjektiven Erscheinungen, die in der Gegenwart immer häufiger auftreten (vgl. weiter oben) wie Einsamkeit, Hoffnungs- und Orientierungslosigkeit, aber auch Aggressivität usw. könnte der Mensch aufgrund seiner inneren Stabilität überwinden anstatt seine Fähigkeiten zu vergeuden und in Leere und Langeweile zu versinken. Insofern ist der Seinsgedanke nicht nur die Voraussetzung der philosophischen Pädagogik und ihres Handelns im Erziehungsprozeß, *„sondern er weist auch dem Suchenden das Ziel der Erziehung"*, *„die Menschwerdung des Menschen, ...d.h. die Verwirklichung des Wesens des Menschen."*[196]

In seinem „Entwurf einer Pädagogik des Seinsgedankens" geht Albert zunächst auf das Erlernen einer reflektierten Sprache ein, weil diese unmittelbar mit dem Denken verbunden ist, und die philosophische Pädagogik, insofern sie auf philosophische Begründungen zurückgreift, ein auf die „Erfahrung des Seins gegründetes Denken" voraussetzt. Das bedeutet, dass der *„ins philosophische Denken Eingeübte neben der Sphäre des bloß Verbalen noch ein fundamentaleres Erkennen sich bewußt*

---

196 Ebd., S. 14f. Diese Auffassung wird im folgenden bei verschiedenen Philosophen nachgewiesen, u.a. beginnend in der Antike, vor allem bezogen auf Platons Gedanken zur Erziehung und schließlich bei Schopenhauer, Scheler und Heidegger.

gemacht hat", sodass sein Verhältnis zur Sprache distanzierter, kritischer und reflektierter ist, denn sprachliche Erziehung verändere auch die Struktur des Denkens und die Fähigkeit des Sinnerfassens.[197]

Auch die Begegnung des Menschen mit kulturellen Gütern nimmt in der Pädagogik der ontologischen Erfahrung eine für die Entfaltung des Menschen bedeutende Rolle ein, weil *„die musische Erziehung ihren Sinn in sich selbst hat: sie läßt das Leben und das Dasein überhaupt in seiner Tiefe und Weite, in seiner Schönheit und Unheimlichkeit zu Bewußtsein kommen"*, ein Ziel, das viele Künstler ausdrücklich vertreten, wie Albert im Blick auf Max Beckmann, der das Geistige in der Kunst betont, hervorhebt.

Die auf die ontologische Erfahrung gegründete philosophische Pädagogik setzt voraus, dass die Seinsgemeinschaft die Grundlage für die Personwerdung und für soziale Beziehungen ist. Der Theologe Johannes B. Lotz erklärt diesen Zusammenhang folgendermaßen: *„Jede Person ist durch ihre Beziehung zum Sein konstituiert. Deshalb treffen sich alle geschaffenen und näherhin alle menschlichen Personen in dieser selben Beziehung zu dem einen Sein. Infolgedessen ist jede Person zu allen anderen hin offen und von vornherein notwendig auf sie alle bezogen... Erst in ihrer Kommunikation mit anderen prägt sich die menschliche Person ganz als solche aus... Schließlich hat auch das untermenschliche Seiende, die Natur, am Sein teil, obwohl sie nicht selbst in eine ausdrückliche oder*

---

197 Ebd., S. 134f.

reflexive Beziehung zum Sein treten kann. Da aber die Person diese Beziehung vollzieht, steht sie auch mit allem Naturhaften in Kommunikation, ist sie für jede Kreatur offen und empfänglich, was ebenfalls zu ihrer vollendeten Ausprägung als Natur beiträgt."[198]

Die Verankerung im Sein und das daraus resultierende Bewußtsein des Gemeinsamen und Verbindenden führt zu Wertschätzung, Respekt und Verantwortungsbewußtsein für alles andere Seiende. Soziales Handeln entsteht folglich aus „dem Bewußtsein der Seinsgemeinschaft."[199] Dieser moralische Anspruch an soziales Verhalten und seine Begründung bildet mithin die Grundlage der ontologischen Pädagogik, die im Vorangegangenen dargestellt wurde.

Zuletzt ist aber noch ein weiteres, bemerkenswertes Element der Pädagogik der ontologischen Erfahrung zu erwähnen, das auf den ersten Blick so gar nicht in die Zeit zu passen scheint: das Schweigen. Es ist eine Verhaltensweise, die die ontologische Erfahrung in besonderer Weise charakterisiert, denn Schweigen bedeutet Innehalten, eine Innenwendung und Abkehr von Unwesentlichem und hin zu einer geistigen Erfahrung. Und – wie weiter oben schon hinzugefügt wurde: es ist das Glück, das die Seele durch das Geistige in sich selbst findet. Diesen Gedanken auch in die Erziehung einfließen zu lassen, gehört für die Pädagogik der ontologischen Erfahrung mit zu den wichtigsten Zielen im Blick auf die Persönlichkeitsentfaltung.

198 Lotz, J.B.: Der Mensch im Sein. Freiburg 1967, S. 367.
199 Albert, K.: Philosophische Pädagogik, S. 144.

Zwei unterschiedliche Ansätze der philosophischen Pädagogik wurden im Vorangegangenen vorgestellt, deren Ziel jedoch immer die Vervollkommnung des menschlichen Wesens ist. Während Bollnow im Rekurs auf Aristoteles Vernunft und Besonnenheit und die Konzentration auf das Individuum zum Fundament der Erziehung erklärt, ist die Grundlage der an die platonische Philosophie anschließenden Erziehungstheorie Alberts die Seinserfahrung, durch die der Mensch als Seiendes immer als Teil des übergreifenden Seins verstanden wird, sodass das Gemeinsame des Menschlichen als zentrales Moment erscheint. Beide Ansätze haben ihre Berechtigung aufgrund ihrer philosophischen Begründungen und ihrer Zielsetzungen (die ein Zusammenwirken beider Konzepte nahelegen), aber vor allem deshalb, weil ihre Ziele dem menschlichen Wesen Rechnung tragen und auf eine Lebensweise hinweisen, auf die im abschließenden Kapitel eingegangen werden soll.

III.
Vom philosophischen Leben

Für die meisten Menschen wird der Gedanke an ein philosophisches Lebens fremd und realitätsfern erscheinen, das man sich möglicherweise als klösterliches Leben vorstellen kann, geprägt von Askese und abgeschieden von allem, was sie am Leben schätzen. Doch das Leben in der Moderne ist ein Leben im Hier und Jetzt. Es ist geprägt von Geschwindigkeit, der Illusion der unbegrenzten Möglichkeiten, dem Überfluß und einem ausufernden Anspruchsdenken. Zugleich ist es auch beherrscht von Orientierungslosigkeit, von Ängsten und Bindungslosigkeit, weil dieses Leben in einer Welt des Scheins die Erwartungen immer wieder enttäuscht und wahres Glück und Zufriedenheit nicht ermöglicht.

Auf diesem Hintergrund von einem philosophischen Leben zu sprechen, scheint nicht nur illusorisch, sondern auch in der gegenwärtigen Weltlage undurchführbar zu sein. Es erhebt sich also die Frage, was ein philosophisches Leben von einem nichtphilosophischen unterscheidet und was es für den Menschen bedeuten kann.

1.

Zunächst sei betont, daß ein philosophisches Leben keineswegs ein abgehobenes und dem praktischen Leben fernes Leben ist, es ist vielmehr als ein bewußtes und reflektiertes Leben zu verstehen, indem der Mensch sich von den belastenden Phänomenen der Lebenswelt distanziert, sie kritisch betrachtet und sich unabhängig vom Trend der Zeit ein eigenes Bild über Sinn und Wert der Gegebenheiten macht. Ein solches Verhalten bietet Sicherheit und ist auch die Grundlage für eine neue Einstellung zum Zweck- und Nützlichkeitsdenken oder zu den eigenen Ansprüchen, die einen anderen und weniger bedeutenden Stellenwert erhalten. Die kleinen, aber durchaus bedeutenden Dinge der Lebenswelt, die sich zumeist in der Stille offenbaren, werden hingegen an Gewicht gewinnen, weil man ein „Organ des Auffassens" entwickelt hat, wie Bollnow diese spezielle Sensibilität des Wahrnehmens und Empfindens nennt. Diese Sensibilität bringt die sinnlichen und geistigen Kräfte in Einklang und führt zu neuen Erkenntnissen und Wertungen. Durch diese sensibilisierte Wahrnehmung tritt das, was man zuvor als wichtig und unentbehrlich betrachtet hat, in den Hintergrund, während anderes, dem man keine Beachtung geschenkt hat, weil man seinen Wert nicht erkannte, plötzlich an Bedeutung gewinnt.

Ute Guzzoni will in ihrer Abhandlung auf dieses Phänomen aufmerksam machen und spricht im Rekurs auf Hegel von dem Lärm der Zeit, der keinen Raum läßt für die Stille, in der sich Erkenntnis ereigne. Der Lärm der Zeit oder der Einfluß der neuen Medien verändere nicht nur die Sicht auf die Welt, sondern auch „die Beziehungen der Menschen zueinander radikal".[200] Um eine Veränderung der derzeitigen desaströsen Weltlage erreichen zu können, müsse jedoch zuerst nach der Weise gefragt werden, *„wie wir als Menschen grundsätzlich auf oder 'in der Welt sind' und d.h. letztlich 'sein wollen'. Erst wenn wir uns darüber klar geworden sind, können wir uns auf die Veränderungen einlassen, deren es ein gewandeltes 'menschlicheres' In-der-Welt-Sein bedarf... Es geht also um die Frage, ob wir uns als Teile und Mitspieler eines Weltganzen verstehen, in das wir uns einfühlen und mit dem wir mitgehen"*[201]

Diese Äußerungen zielen auf das in der Metaphysik betonte gemeinsame Sein, in das jedes Einzelne eingebunden ist. Dieses Einzelne erhält jedoch dabei nicht den Status der Vereinzelung und des Ausgegliederten, denn es steht immer in Beziehung mit dem Ganzen ohne seine Identität als das Besondere zu verlieren. Diesem Besonderen widmet die Autorin ihre weiteren Ausführungen, auf die wir weiter unten noch eingehen werden. Zuvor aber soll gezeigt werden, was von einem philosophischen Leben zu erwarten ist und ob und in welcher Weise es zur Veränderung der menschlichen Natur beitragen kann.

2.

„In der Weise seines philosophischen Lebens liegt

200 Guzzoni, U.: Zuweilen nichts Besonderes – Wolken – Bäume – Sterne. Baden-Baden 2024, S. 7.
201 Ebd., S. 8.

die Zukunft des Menschen." Mit diesen Worten von Karl Jaspers verweist Albert auf eine Lebensform, die das Existentielle der Menschheit betrifft und deren Bedeutung er an verschiedenen philosophischen Richtungen seit der Antike auch im Bezug auf Gegenwart und Zukunft nachweisen will, wie sein eigenes Konzept vom „philosophischen Leben" belegt. Philosophisches Leben sei ein „inwendiges" und „gesammeltes" Lebens, das schon von Aristoteles als „beschauliches Leben" bezeichnet wurde. Dieser Gedanke ist seitdem von verschiedenartigen Richtungen der Philosophie aufgenommen worden, auch wenn sie nicht ausdrücklich der Metaphysik zugeordnet werden können wie z.B. die Stoa des römischen Philosophen Seneca (um 4 v. Chr.- 65 n. Chr.). Für ihn bedeutet Philosophie „Liebe zur Weisheit" und eine auf Selbstkontrolle und Menschlichkeit bezogene Lebensweise, wie er in seinen „Moralischen Briefen an Lucilius" bekräftigt. Und durch diese Liebe angeregt, sucht er nach Wissen und Erkenntnis, die darin besteht, den Sinn des Lebens zu begreifen und dementsprechend sein Leben tugendhaft und durch Vernunft geleitet zu gestalten. Er war sehr gebildet und verfügte auch über ausgeprägte Kenntnisse der menschlichen Psyche und den Schwächen des menschlichen Wesens, das er durch seine moralischen Thesen – vor allem durch die Vernunft und eine kritische Selbstreflexion – zum Besseren wandeln wollte. [202]

Platon gilt – wie Albert ausführt – als Schöpfer der Ideenlehre, die er in der *Politeia* darstellt und einen Weg

202 Vgl. auch Jain, E.: Zur Aktualität der stoischen Lebensweise im Zeitalter der Globalisierung. Norderstedt 2022.

zur Erkenntnis des Guten und Wahren beschreibt, der eine Umlenkung der Seele erfordert, d.h. ein Bewußtwerden einer neuen geistigen Dimension. Seine Absicht dabei sei, aufgrund dieser Erkenntnis eine philosophische Weise des Lebens zu begründen, die im *Phaidon*, vor allem aber im *Symposion* eindrücklich als Aufstieg des Seelischen zum Schönen und Guten als moralische Qualität beschrieben wird.

Bei jedem Denker tritt zwar ein anderer Aspekt des bewußten oder kontemplativen Lebens hervor, aber grundsätzlich ist das Ziel, auf ein Leben aufmerksam zu machen, das tiefer und geistiger ist als das alltägliche Leben, wie Albert bei Meister Eckhart und anderen Denkern nachweist. So habe der Mystiker Meister Eckhart von der „vita contemplativa" im Zusammenhang mit der „vita activa" gesprochen, Jacobi über das „inwendige" oder „gesammelte" Leben, in dem die Seele still werde und sich dieses inwendigen Lebens erst bewußt zuwenden könne, sodass Philosophie von daher nicht als Theorie, sondern selbst als Form des Lebens zu verstehen sei. Als einer der wichtigsten Vertreter der Lebensphilosophie konzentriert der französische Philosoph Henri Bergson sich vor allem auf das intuitive Denken, das sich in der Philosophie vom rationalen oder diskursiven Denken unterscheidet. Bergson erkläre, dass in der Intuition ein Phänomen „in unmittelbarer geistiger Anschauung" erfaßt werde, „während das rationale Denken verstandesmäßig begreifend und schlußfolgernd vorgeht."[203] Das

---

203 Albert, K.: Vom philosophischen Leben. Würzburg 1995, S. 57.

bedeute, dass das „auf die Intuition gegründete philosophische Denken nach innen blickt" und auch eine andere
Erfahrung der Zeit macht, die *Dauer*: im Gegensatz zur
äußerlich erfahrenen Zeit erscheine die „innerlich erfahrene Zeit im menschliche Geist als einheitlicher Fluß."[204]
Für das Leben habe diese Erkenntnis eine existentielle
Bedeutung, wie eine Bemerkung Bergsons erkläre, denn
*„alles beseelt sich um uns, und alles beseelt sich in uns... wir
leben mehr"* und zwar durch ein nach Innen gerichtetes
Leben.[205]

Schließlich noch ein kurzer Blick auf Nikolaj Alex-
androvitsch Berdjaew, der die Philosophie auf dem
Hintergrund existenzphilosophischer, vor allem aber
lebensphilosophischer Gedanken „als Leben im Geist"
verstehe. Eine Lehre vom Geist sei vor allem eine Lehre
von der menschlichen Existenz, denn in ihr offenbare
sich der Sinn des Seins durch eine geistige Erfahrung, die
unmittelbar aus dem Leben selbst stamme.[206]

Die auf unterschiedlicher philosophischer Grundlage dargestellten Weisen eines philosophischen Lebens
gehen grundsätzlich davon aus, dass philosophisches
Leben immer ein bewußtes und ethisch begründetes
ist. Ein aufgrund der ontologischen Erfahrung gefühl-
tes philosophisches Leben ist darüber hinaus immer im
Bezug auf das gemeinsame Sein zu betrachten, wobei
aber die Individualität des Einzelnen und seine Freiheit
aufgrund der Bindung an ethische Prinzipien nicht ein-

204 Ebd., S. 62.
205 Ebd., S. 63.
206 Ebd., S. 69.

geschränkt wird. Durch diesen Zusammenhang gewinnt insbesondere der moralische und soziale Gedanke im menschlichen Miteinander an Gewicht, wie Karl Albert in seiner Schrift „Das gemeinsame Sein" ausführt (vgl. weiter oben).

3.

Seit über zweitausend Jahren hat die Philosophie sich mit Leben und Denken der Menschen befaßt und immer wieder versucht, Lösungen für die Probleme der Menschheit zu finden. Aber bei einem kritischen Blick in die Geschichte wird man feststellen, dass die Menschen ihre Lebensweise nicht geändert haben. Das mag daran liegen, dass philosophisches Denken ihnen fremd und unverständlich erscheint und ihren eigenen Alltag mit seinen Pflichten und Sorgen scheinbar nicht berührt. Hat die Philosophie also versagt oder war sie nicht in der Lage, ihre Erkenntnisse angemessen zu vermitteln?

In der Gegenwart stößt philosophisches Denken zwar auf ein gewisses Interesse und führt zum Nachdenken über Probleme der Welt, aber eine grundsätzliche und weitreichende Veränderung konnte es nicht erreichen. Eine andere Beobachtung der Gesellschaft indes führt zu der Erkenntnis, dass gerade die Probleme der Welt ein kritisches und tiefergehendes Interesse an philosophischen Gedanken hervorrufen. Der Ruf nach einer neuen, humanen Weltordnung veranlaßt viele Menschen zu zahlreichen Demonstrationen für Menschenrechte, für ökologische Sorgfalt, gegen Rassismus, Antisemitismus oder Ausbeutung. Es sind Themen, die immer auch die philosophische Ethik beschäftigt hat, Gedanken, die eine Wandlung des menschlichen Wesens zum Besseren hin fordern.

Die Menschen suchen aufgrund der inhumanen Weltlage nach Alternativen für diese Welt, die sie verunsichert, ängstigt und hoffnungslos macht, sowohl bezogen auf das Weltgeschehen an sich, als auch auf ihre eigene Befindlichkeit in ihrer subjektive Lebenswelt. All dies sind Anzeichen für das Streben nach einem reflektierten und verantwortungsbewußten Leben, das einem philosophischen Leben zumindest nahekommt. Denn auch die 'Innenwendung' spielt in dieser neuen Bewegung eine große Rolle. Selbst wenn sie nicht aufgrund philosophischer Einsichten für den Einzelnen an Bedeutung gewinnt, so ist sie doch ein Aspekt, der in der Philosophie als Voraussetzung für geistig-seelische Erfahrungen bezeichnet wird. Meditation, Yoga und andere Praktiken, die auf die körperlich-geistige Befindlichkeit Einfluß nehmen können, stoßen auf immer größeres Interesse, denn das Verlangen nach Ruhe und Stille, die unsere laute und hektische Welt nicht mehr bieten kann, scheint ausschlaggebend für die Hinwendung zu den der Alltagswelt fremden Lebensgewohnheiten und geistigen Tätigkeiten zu sein. Und auch der immer häufiger auftretende Wunsch nach einem Leben mit der Natur, der bewußte Verzicht auf übermäßigen Konsum oder die Entscheidung zu generationenübergreifenden Wohngemeinschaften läßt darauf schließen, daß nach neuen Wegen für ein gelungenes, soziales Miteinander im Einklang mit der Natur gesucht wird, das Zufriedenheit garantiert. Philosophisch gesehen, ist eine solche mentale Veränderung zurückzuführen auf die Einsicht, dass jedes einzelne Seiende als Teil des Seinsganzen in *Verbundenheit* mit jedem anderen Seienden begriffen werden muß, die sich als Ursache einer moralischen Haltung erweist.

Durch die bewußte kritische Einstellung zur Außenwelt und die Konzentration auf das Innere wird zudem die Wahrnehmung sensibilisiert. Damit ist das Zusammenwirken aller sinnlich-geistigen Kräfte gemeint, wie Bollnow im Blick auf Erfahrung und Erkenntnis ausführt. Das Wahrnehmungsspektrum wird erweitert und Schwerpunkte hinsichtlich ihrer Bedeutung neu gesetzt, sodass plötzlich auch scheinbar Unwichtiges oder bislang nicht Bemerktes hervortritt. Aufgrund der inneren Ausgeglichenheit und der Fähigkeit, Wesentliches zu erkennen, verändert sich das Weltbild und mit diesem auch die Lebensweise des Menschen.

Daß der Wahrnehmende nun auch das Einzelne und in sich Besondere bemerkt, was sich im übrigen nicht nur auf die Natur, sondern auch auf menschliche Haltungen oder Äußerungen bezieht, zeigt Guzzoni mit einigen Beispielen in der Begegnung mit der Natur und anderen Phänomen: einer *„kleinen Wolke, einem Baum, einem Stern, überhaupt durch die Sinne Wahrnehmbares wie z.B. einzeln Hörbares in der Nacht, die spezifische Besonderheit des Ich, Vögel, das Besondere im japanischen Haiku oder*

241

die Besonderheit im gewöhnlichen Alltag. "[207] Durch das Erkennen der Besonderheit des Einzelnen offenbart sich ihrer Auffassung nach das Wesen eines jeden Phänomens und ermöglicht Zuwendung und Verstehen des Ganzen, ohne das eine philosophische Lebensweise nicht denkbar ist, weil sie immer auch auf das Andere als Gleichwertiges im Seinsganzen bezogen ist.

207 Guzzoni, U.: Zuweilen nichts Besonderes, ebd., S. 9.

Ausblick

Wege zur Rückbesinnung auf ethische Prinzipien kann nur die Philosophie weisen, indem sie an die Vernunft der Menschen appelliert und in ihrem Bewußtsein die Einsicht wachruft, dass im Gemeinsamen die Zukunft ihrer Existenz liegt. Doch diese grundsätzlich überzeugende These stößt in der Realität auf gewisse Probleme, auf die kurz eingegangen werden muß.

Behauptet man nämlich, eine von Vernunft und Tugend geprägte Welt werde friedlicher, so muß zuerst gefragt werden, ob ein Konsens inbezug auf Begriff und Bedeutung ethischer Prinzipien bzw. der Tugend besteht oder ob es schwerwiegende und unüberbrückbare Differenzen gibt, die einen Konsens nicht zulassen, sodass der Gedanke einer allgemein Akzeptanz ethischer Prinzipien als Utopie erscheint.

Der englische Philosoph, Psychologe und Pädagoge John Locke (1632-1704) ist Hauptvertreter des Empirismus und leugnet einen angeborenen ethischen Habitus, wobei er sich auf die differierende Erfahrung bzw. Wahrnehmung sowie auf unterschiedliche Erziehung, Kultur und Mentalität beruft. Da diese bei allen Menschen und in allen Gesellschaften verschieden sind, entwickeln sich seiner Überzeugung nach auch Unterschiede hinsichtlich des Tugendbegriffs, der in der jeweiligen Gesellschaft aufgrund von Tradition und Gewöhnung anerkannt wird. Das bedeutet schließlich, dass die Interpretation eines Wahrgenommenen durch die kulturelle Prägung zu einer entsprechenden Sinn- und Wertfindung kommt, die in der Begegnung mit fremden Sitten und Gebräuchen zu Ablehnung und Vorurteilen führen können und einer rationalen und vernunftmäßigen Begründung nicht gerecht werden.

Diese Analyse impliziert nun die These, dass ein Konsens zwischen den verschiedenartigen Gesellschaften, Kulturen und Religionen undenkbar ist, weil nicht zuletzt auch eine gemeinsame Akzeptanz von bestimmten Werten, Prinzipien und eben auch Tugenden ausgeschlossen erscheint. Diese Feststellung ist ernüchternd und man könnte sie auf Beobachtungen der Verhältnisse vergangener Zeiten zurückführen, ihr also absprechen, dass sie noch unserer, modernen, aufgeklärten Zeit entspricht. Doch haben wir die rigiden Grenzen dieses Weltbildes tatsächlich überwunden? Haben wir uns geöffnet für das Fremde und bemühen wir uns um gegenseitiges Verständnis und respektieren wir dieses Andere oder beharren wir weiterhin auf einer vermeintlichen Wahrheit, die nur Gräben aufreißt? Nun kann man sagen, Toleranz ist notwendig, aber auch Toleranz gegenüber Intoleranz? Es wird deutlich, dass man die Situation ein wenig genauer betrachten muß.

Blicken wir uns also einmal um in unserer paradoxen Welt. Ein Teil beruft sich vor allem auf seine freiheitlich-demokratische Rechtsordnung, auf Menschenrechte, Gleichberechtigung aller Bürger und Meinungsfreiheit. Auch wenn die westliche Demokratie sich keineswegs als System ohne Mängel erweist (z.B. inbezug auf Gleichberechtigung, Hierarchien oder Rechtsprechung), so scheint sie doch ein Weg zu Verständigung und zu Konsens in allen Fragen der Menschenwürde und Menschenrechte zu sein. Aber kritisch betrachtet, ist eine zunehmende bedenkliche Veränderung auch in zivilisierten, modernen Gesellschaften festzustellen, eine Tendenz zu einem aufkeimenden Nationalismus und Aggression, die die einst verbindenden und konstruktiven Ziele zu gefährden drohen, sodass eine Solidarisierung der sich als Wertegemeinschaft verstehenden demokratischen Nationen im Blick auf ihre ursprünglichen Prinzipien wieder in Erinnerung gebracht werden müßte, denn letztlich geht es um Menschenwürde und Menschenrechte für alle menschlichen Wesen.

Viel dramatischer ist indes die Entwicklung in anderen Regionen der Welt, in denen Diktatoren, Gewaltherrscher und Militär die Menschen unterjochen, um ihre Macht zu stabilisieren. Die in solchen Staaten verordneten Gesetze garantieren den Menschen nicht Recht und Menschenwürde aufgrund von ethischen Normen, sie sichern vielmehr den Herrschenden ihre Macht durch Gewalt.

Und eine weitere, aber nicht neue Gefahr bedroht die Menschen und den Weltfrieden: es ist der religiöse Fundamentalismus, der Fanatiker zu anarchistischen Parolen und Terror veranlaßt. Unter diesem Aspekt ist der Gedanke einer weltweiten Harmonie und Verständigungsbereitschaft, ja, der Gedanke einer von Tugend geprägten Welt tatsächlich eine Utopie. Hier geht es nicht mehr um unterschiedliche Sitten und Gebräuche, sondern um das Verteidigen einer Ideologie, eines nicht zu rechtfertigenden Absolutheitsanspruchs, der eine neue Weltordnung durchsetzen will und – wie Bassam Tibi im Blick auf den 'islamischen Fundamentalismus' (eine „Politisierung von Religion") ausführt – zu Zivilisationskonflikten und Gewalt führen muß.[208]

Da der Fundamentalismus auf bestimmten tradierten, religiösen Ordnungs- und Rechtsvorschriften basiert, die er in säkularen Staaten verbreiten will, entstehe eine tiefgreifende „Entwestlichung", durch die Haß, Aggression und Terrorismus verbreitet werde: *„Sie bekämpfen auch nicht die westliche Moderne als Ganzes. Stattdessen beschränken sie ihre Zurückweisung der Moderne auf die kartesianische menschzentrierte Weltsicht sowie auf den Glauben an das Potential der menschlichen Vernunft auf Kosten der göttlichen Offenbarung."*[209]

Der religiöse Fundamentalismus ist indes inbezug auf seine Zielsetzung keineswegs weit entfernt vom Nationalismus, der mit seinem Machtstreben primär auf einen weltweiten Einfluß im militärischen und wirtschaftlichen Bereich zielt. Beide rechtswidrigen und undemokratischen Formen setzen auf Ausgrenzung anderer, auf Vorherrschaft und Vorteilnahme, sodass Konflikte unvermeidlich sind. Auch diese Tendenz kann den Weltfrieden massiv bedrohen, wie zwei Autoren

208 Tibi, B.: Fundamentalismus im Islam. Eine Gefahr für den Weltfrieden? 3. Aufl. Darmstadt 2002, S. XVI ff.

209 A.a.O., S. 166. Vgl. auch Abdel Samed, H.: Der Koran. Botschaft der Liebe. Botschaft des Hasses. München 2016; Roy, A.: Das Ministerium des äußersten Glücks. Stuttgart 2017. Roy beschreibt in ihrem Buch die Radikalität des fundamentalistischen Hinduismus, der schon durch das Kastensystem Menschenrechte und Menschenwürde verletze.

kürzlich ausgeführt haben.[210] Aus ihren Analysen läßt sich ersehen, dass die menschliche Gier keine Grenzen zu kennen scheint, Menschenleben gering geachtet wird und Unmenschlichkeit zur legitimen Norm erhebt. Es geht also um ein gravierendes menschliches Versagen, um charakterliche und geistige Defizite, die die Machthaber zu Handlungen antreiben, die Vernunft, Pflicht zur Verantwortung und Menschlichkeit nicht kennen.

Sprechen wir auf dieser Ebene vom „Auslaufmodell Tugend", so wird erneut deutlich, dass Handeln ohne ethische Grundsätze nicht nur im zwischenmenschlichen Bereich eine Selbstverständlichkeit sein muß, sondern insbesondere auch, wenn es um das Schicksal der Welt geht. Die beiden eben erwähnten Autoren plädieren daher mit Recht dafür, dass die wichtigsten, speziell rivalisierende Entscheidungsträger in Dialog treten und begreifen müssen, dass auch Vertreter konträrer Positionen mit politischer Klugheit, Verstehen des Anderen und Verantwortungsbewußtsein eine Eskalation und verhärtete Fronten vermeiden können. Dabei geht es um moralische Integrität, die destruktive Ideologien und nationalistische Politik ausschließt, weil diese nur den eigenen Vorteil auf Kosten der anderen sichern will, wie die Autoren betonen, die offensichtlich noch der Vernunft der Menschen vertrauen.

Angesichts der katastrophalen Ereignisse in unserer modernen Welt ist es sicher angemessen und zutreffend,

---

210 Braml, J./Burrows, M.: „Die Traumwandler". Wie China und die USA in einen neuen Weltkrieg schlittern. München 2023; Rudd, K.: „Der vermeidbare Krieg". Die Gefahr eines katastrophalen Konflikts zwischen den Vereinigten Staaten und Xi Jinpings China. Berlin 2023

vom „Auslaufmodell Tugend" zu sprechen, wenn man einmal kritisch beobachtet, dass das ethische Fundament menschlichen Verhaltens – Menschenwürde und Menschenrechte – weltweit ignoriert und mißachtet wird. Es schien also zwingend notwendig, wieder an die Moral zu erinnern und Tugenden als Maßstab des menschlichen Miteinanders zu fordern.

Dementsprechend haben wir versucht zu zeigen, wie die Welt sich dem aufmerksamen und nachdenklichen Beobachter darstellt und was diese Beobachtung bei ihm auslöst, um anschließend auf dem Hintergrund philosophischer und pädagogischer Erkenntnisse Lösungsansätze im Rekurs auf philosophische Erkenntnisse zu formulieren.

Sowohl die platonische als auch die aristotelische Philosophie und ihre unterschiedlichen ethischen Thesen mit den zentralen Aspekten der *Erfahrung* und *Erkenntnis* waren dabei richtungsweisend für unsere Überlegungen, die vor allem für die aktuelle Gegenwart lebensnahe Lösungen bieten und im zwischenmenschlichen Bereich zu einer Veränderung führen könnten. Dabei ist erforderlich, jeden Einzelnen mit einschlägigen Argumenten dazu anzuregen, sich der Problematik zu stellen und Verantwortung zu übernehmen.

In den Blick gerückt wurde auch die inzwischen Sorge bereitende individuelle Befindlichkeit der Menschen, die aufgrund unterschiedlicher Anlässe psychische und physische Störungen aufweist. Diese äußern sich immer häufiger durch Verhaltensweisen (Gewaltausbrüche,

Haß, Leistungsverweigerung, Apathie usw.), die die Stabilität der Gemeinschaft gefährden. Dass viele dieser negativen und destruktiven Verhaltensweisen auf äußere Einflüsse wie die moderne Lebensweise, die technologische Entwicklung und die Nutzung ihrer Produkte zurückzuführen sind, ist unbestritten, aber daraus folgt letztlich, dass außer der notwendigen Aufklärung auch Wege gewiesen werden, wie man sich einer Abhängigkeit von diesen Erscheinungen entziehen kann. Dies wurde versucht, indem auf die heutigen Interessen und Gewohnheiten eingegangen wurde, deren Einfluß auf Haltung und Lebensweise nicht zu unterschätzen ist. Dabei wurde darauf verwiesen, dass die Begegnung mit kulturellen Gütern wie Musik, Kunst und Literatur eine eminent wichtige Funktion zukommt, weil sie Wert und Sinn besitzen und diese auch vermitteln können.

Sinn und Wert und das ihnen inhärente Gute sind das Fundament der Ethik, und – wie Aristoteles meint – der Mensch strebe ursächlich immer nach dem Guten. Ob diese Prinzipien in der Gesellschaft und der Politik wieder als leitende Aspekte für Denken und Handeln begriffen werden, hängt aber von ihrer Einsicht in das ab, was Leben wirklich ausmacht: ein Leben in einer zivilisierten, kultivierten und demokratischen Gesellschaft. Um dieses Ziel zu erreichen, ist zudem eine Solidarisierung der Weltgemeinschaft erforderlich, was zunächst bedeutet, sich von radikalen Gesinnungen zu verabschieden und Tugend und Vernunft aus Einsicht und innerer Überzeugung wieder als selbstverständlich zu begreifen.

Es ist eine Aufgabe und Verpflichtung besonders für die Philosophie, die Bedeutung dieser Einsicht immer wieder zu thematisieren.

Bibliographie

Abdel-Samad, Hamed: *Der Koran. Botschaft der Liebe. Botschaft des Hasses.* München 2016.

Adorno, Theodor W.: *Erziehung zur Mündigkeit.* Frankfurt/M. 4. Aufl. 1975.

Albert, Karl: *Die ontologische Erfahrung.* Ratingen/Kastellaun 1974; 2. Aufl. Philosophische Studien Bd.1, Sankt Augustin 1988.

Das gemeinsame Sein. Studien zur Philosophie des Sozialen. Sankt Augustin 1981.

Philosophische Pädagogik. Sankt Augustin 1984.

Vom philosophischen Leben. Platon, Meister Eckhart, Jacobi, Bergson, Berdjaev. Würzburg 1995.

Platonismus. Weg und Wesen abendländischen Philosophierens. Darmstadt 2008.

Albert, Karl/Jain, Elenor: *Philosophie als Form des Lebens. Zur ontologischen Erneuerung der Lebensphilosophie.* Freiburg/München 2000.

Die Utopie der Moral. Versuch einer kulturübergreifenden ontologischen Ethik. Freiburg/München 2003.

Aristoteles: *Die Nikomachische Ethik.* Zürich/München 1967.

Über die Seele. München 1968.

Metaphysik. Hamburg 1984.

Assmann, Jan: *Totale Religion. Ursprünge und Formen puritanischer Verschärfung.* Wien 2016, 3. Aufl. 2018.

Bennent-Vahle, Heidemarie: *Gelassen bleiben – vor allem, wenn der Druck zunimmt.* Baden-Baden 2024

Braml, J./Burrows, M.: *„Die Traumwandler".* *Wie China und die USA in einen neuen Weltkrieg schlittern.* München 2023.

Bollnow, Otto Friedrich: *Einfache Sittlichkeit.* Göttingen 1947.

Wesen und Wandel der Tugenden. Frankfurt/M. - Berlin - Wien 1958.

Existenzphilosophie und Pädagogik. Stuttgart 1959.

Studien zur Hermeneutik. 2 Bde. Frankfurt/München 1982/83.

Das Wesen der Stimmungen. 7. Aufl. Frankfurt 1988.

Zwischen Philosophie und Pädagogik. Vorträge und Aufsätze. Aachen 1988.

Bröcker, Wilhelm: *Aristoteles.* Frankfurt/M. 1964.

Graser, A.: *Philosophie und Ethik.* Düsseldorf 1999.

Grassi, Ernesto (Hg.): *Platon. Sämtliche Werke.* Hamburg 1957-59.

Guzzoni, Ute: *Zuweilen nichts Besonderes. Wolken – Bäume – Sterne.* Baden-Baden 2024.

Horkheimer, M./Adorno, Th. W.: *Dialektik der Aufklärung.* Frankfurt/M. 1971.

Jain, Elenor: *Erfahrung des Seins. Reflexionen zur Philosophie Karl Alberts.* Sankt Augustin 1986.

Das Prinzip Leben. Lebensphilosophie und Ästhetische Erziehung. Frankfurt/M. 1993.

Hermeneutik des Sehens. Studien zur ästhetischen Erziehung der Gegenwart. Frankfurt 1995.

Verlust der Seele. Norderstedt 2015.

Der Mensch. Ein mißlungenes Objekt der Schöpfung? Norderstedt 2018.

Vom Sinn der Kunst. Norderstedt 2019.

Gesichter der Macht. Eine philosophische Studie zu einem ambivalenten Begriff. Norderstedt 2021.

Zur Aktualität der stoischen Lebensweise im Zeitalter der Globalisierung. Norderstedt 2022.

Kandinsky, Wassily: *Über das Geistige in der Kunst.* 4. Aufl. Bern 1952.

Essays über Kunst und Künstler. Bern 1955.

Kirchschläger, Peter G.: *Ethisches Entscheiden.* Baden-Baden 2023.

Klemme, Heiner F.: *Die Selbsterhaltung der Vernunft. Kant und die Modernität des Denkens.* Frankfurt/M. 2023.

Knauber, Bernt: *Seinsbewältigung. Die vergessene Hauptfrage der Philosophie.* Baden-Baden 2020.

Knauff, Matthias u.a. (Hrsg.): *Künstliche Intelligenz. Ethik und Recht.* Baden-Baden 2024.

Knoll, Manuel: *Adornos „Moral des Denkens".* In: Schönherr-Mann, H.-M. (Hg.): Ethik des Denkens. München 2000, S. 121-138.

Krämer, Hans: *Zum Wesen und zur Geschichte der platonischen Ontologie.* Heidelberg 1959.

Integrative Ethik. Frankfurt/M. 1992.

Litt, Theodor: *Führen oder Wachsenlassen.* Leipzig 1927 (13. Aufl. Stuttgart 1967).

Die Philosophie der Gegenwart und ihr Einfluß auf das Bildungsideal. Leipzig/Berlin 1925 (3. Aufl. 1927).

Das Bildungsideal der deutschen Klassik und die moderne Arbeitswelt. 6. Aufl. Bonn 1959.

Locke, John: *An Essay Concerning Human Understanding* (1690).

Lotz, Johannes B.: *Der Mensch im Sein.* Freiburg 1967.

MacIntyre, A.: *Der Verlust der Tugend. Zur moralischen Krise der Gegenwart.* Frankfurt/New York 1987.

Mührel, Eric: *Unterwegs mit Pascal. Bd. 1: Über den Menschen – Betrachtungen auf zwölf Wegen.* Baden-Baden 2024.

Mutschler, Hans-Dieter: *Philosophie für Künstler und Künstlerinnen. Die emotional-ästhetische Basis unserer Grundbegriffe.* Baden-Baden 2024.

Platon: *Sämtliche Werke.* Hg. von Ernesto Grassi. Hamburg 1957.

Plessner, Helmuth: *Grenzen der Gemeinschaft. Eine Kritik des sozialen Radikalismus.* In: Ges. Schriften, Bd. V. Frankfurt/M. 1981.

Rhonheimer, Martin: *Die Perspektiven der Moral. Philosophische Grundlagen der Tugendethik.* Berlin 2001.

Riedel, M.: *Nach dem 'Ende der Philosophie': Zur Sache des Denkens im Zeitalter der Wissenschaft.* In: Schönherr-Mann, H.-M.: Ethik des Denkens. München 2000, S. 59-77.

Roy, A.: *Das Ministerium des äußersten Glücks.* Stuttgart 2017.

Rudd, K.: *„Der vermeidbare Krieg". Die Gefahr eines katastrophalen Konflikts zwischen den Vereinigten*

Staaten und Xi Jinpings China. Berlin 2023.

Safranski, Rüdiger: *Zeit. Was sie mit uns macht und was wir aus ihr machen*. München 2015.

Schlaudt, Oliver: *Das Technozän. Eine Einführung in die revolutionäre Technikphilosophie*. Frankfurt/M. 2022.

Schönherr-Mann, H.M. (Hg.): *Ethik des Denkens*. München 2000.

Schopenhauer, Arthur: *Werke in zehn Bänden*. Züricher Ausgabe 1977.

Tibi, Bassam: *Fundamentalismus im Islam. Eine Gefahr für den Welt?* 3. Aufl. Darmstadt 2002.

Virilio, Paul: *Ästhetik des Verschwindens*. Berlin 1986.

Weischedel, Wilhelm: *Die Tiefe im Antlitz der Welt. Entwurf einer Metaphysik der Kunst*. Tübingen 1952.

Das Wesen der Verantwortung. Frankfurt/M. 3. Aufl. 1972.

Willaschek, M.: *Kant. Die Revolution des Denkens*. München 2023.